A Fine Romance

B 沒有夢想，什麼都不會成真。

卡爾·桑德堡（Carl Sandburg）[1]

N 我也不想錯過剛來臨的夜晚，
在爐邊喝茶的愉悅，
以及在漫漫長夜沉浸於愛書之中。

Elizabeth von Arnim

伊莉莎白·馮亞寧[2]

M Y B O O K

A FINE ROMANCE

愛的羅曼史

去吧，小小書，
祝福所有人
花園裡有花，
飯廳裡有肉，
一箱紅酒，
一點機智，

周圍草坪環繞的房子，
門前一條潺潺小河，
懸鈴木上一隻夜鶯！

Robert Louis Stevenson
羅伯特·路易斯·史蒂文森 3

Falling in Love with
THE ENGLISH COUNTRYSIDE 愛上英國鄉村

A Fine Romance
愛的羅曼史

Susan Branch
蘇珊·布蘭琪

VINEYARD STORIES 葡萄園故事集
Martha's Vineyard · Massachusetts 麻州瑪莎葡萄園

Vineyard Stories
52 BOLD MEADOW ROAD
EDGARTOWN, MA 02539
www.vineyardstories.com
508·221·2338

FIRST EDITION
ISBN 978~0~9849136~6~4

Library of Congress Control Number
2013936408

10 9 8 7 6 5 4 3 2 1
PRINTED in CHINA

可愛的小小金鳳花

通常我會把自己的日誌獻給心中最陰暗的角落，那裡的自我活在永恆的尷尬之中（她們也有可能踢著鞋跟在黑暗中跳舞，只是誰也看不見）。

> 29 July 1987 11:30am
>
> What a DOLL!
> He is a DOLL.
> He is too much too perfect
> I have to pinch myself
> him — to make sure he's real.
> He is a darling DOLL.
> He makes me Hip Hip Happy.

但這本日誌不一樣，這本是紀念夢想成真的日誌，並且真心獻給我一生的摯愛喬·霍爾（Joe Hall），沒有他，多到數不清的事情就不會實現。我們就像一份食譜，我和他；我是奶油，他是蜂蜜，而這一趟英國鄉村之旅則是我們的一杯熱茶。

Joe Hall

會烹飪的男人，展現出他寬厚的性格。

♥ JILLY COOPER
吉莉·古柏 4

沒錯，喬也會做菜。希望這頁的日誌片段沒有透露太多第 13 頁開始的愛情故事，直到現在我仍然和多年前有一樣的感受。我有說過他是個討人喜歡的寶貝嗎？

我也想以感恩而謙卑的心，向變化無常的命運鞠個躬。

Thank you

Scotland
蘇格蘭

湖區
LAKE DISTRICT
Ambleside
4
安布賽德

Yorkshire
Dales 5
約克郡谷地

York 6
約克

威克斯沃斯
Wirksworth
3

England

Ireland
愛爾蘭

Wales
威爾斯

艾爾斯伯里
Aylesbury

拜伯里 Bibury
7

2 Aylesbury

London
倫敦

Tetbury 8
泰特伯里

9 Chawton
裔頓

Tenterden 1
坦特登

FRANCE
法國

Queen Mary 2
瑪麗皇后2號

雲中城堡的建築風格沒有規則。　切斯特頓[5]

♥ G.K. CHESTERTON

給敬愛的讀者（和其他所有人♥）：如果在文中看到

星號⭐，就表示我有更多資訊要提供給您。請至 www.

susanbranch.com 尋找連結，細目按照頁碼及字母順序排列。點擊 "I

LOVE ENGLAND"（我愛英國），再點 "APPENDIX"（附錄）。♥

Contents
目次

對我而言，茶，永遠不嫌 多；

書，也永遠不嫌厚。

♥ 路易斯 C.S. Lewis [6]

為我唱首老歌……
Sing me an old-fashioned song…

♪♬ 唯一比唱歌更美好的事
就是唱更多歌。♥ *Ella Fitzgerald*

艾拉‧費茲潔拉[7]

我希望自己能寫出美麗動人的書，
讓那些即將消失於世間的心碎成一地：
這本書是關於信念、小巧整潔的世界，
以及奉行流行歌理念度日的人們。

♥ *Zelda Fitzgerald*

賽爾妲‧費茲傑羅[8]

Friends,

朋友，對於彼此的願望無限寬容，更無比珍惜對方的夢想。

♥ Henry David Thoreau 亨利・大衛・梭羅

我想感謝我的家人與朋友，多年來對我的願望如此寬容。特別的擁抱獻給 Kelle Rasor、Alfredo Jimenez、Sheri Honeycutt、Judy Watkins、Peg Ackerman、Gray Gatel 以及 Elaine Sullivan：沒有你們，我絕對無法完成這本書。感謝我的父母，是我人生中最強大的支持力量；感謝我的兄弟姊妹（尤其是雪莉，比其他人更加包容我）；感謝我在瑪莎葡萄園、加州和英國的朋友，願意忍受我長時間失蹤，讓我有足夠時間寫出這本書。

LET'S GO TO LUNCH! 一起去吃午餐吧！

最後要感謝我在部落格上的女性朋友，透過網路陪伴我們度過英國之旅的每一天，彷彿把自己擠進行李箱、裝載上船，最後我完成這本書時，也不忘傳來鼓勵的訊息——特別把這一段獻給你們！

AND NOW FOR A
DISCLAIMER
以下是免責聲明

後續書頁的文字就我所知皆為事實，若其中有錯誤，仁慈的讀者，請記得《B.J. 的單身日記》(Bridget Jones Diary) 裡的那段話：「這只是一本日記——大家都知道日記裡全是廢話。」

Thank you!
The Management
管理部門

BEATRIX POTTER'S DIARY
Secret Garden
WILDFLOWERS
Howards End
PRIDE & PREJUDICE
Tea in the Garden
THE COTSWOLDS
BIRDS
Portrait of a Marriage

If there were dreams to sell,
merry & sad to tell,
& the crier rang his bell,
what would you buy?
Thomas Beddoes

若有人販賣夢想，
有人訴說悲喜，
叫賣者搖他的鈴時，
你會買下什麼？
——托馬斯·貝多斯[9]

瑪莎葡萄園

MARTHA'S VINEYARD

Isle of Dreams

夢的小島

PREFACE 序曲

這本日誌始於 2012 年五月和六月；不過，在重頭戲開演前，我們何不來趟小小的時光旅程，回到 1986 年一個美麗的初秋夜晚，前往瑪莎葡萄園的魔法島嶼。

想像一下，你站在一棟兩層樓高、漆上白漆的新英格蘭式建築外，只隔一條街就是海洋；秋紅紛紛飄落，你在空氣中嚐到海水的鹹味，你望見初星，也當然不忘許下願望：你希望全世界，都跟你此時此刻一樣幸福。你聞到有人在料理香蒜，你聽見紗門啪地關上，而你步入一家寬敞通風，有木頭地板跟挑高天花板的餐廳。餐廳的三面，是大片敞開的舊式雙懸推拉窗。顧客坐在鋪了白色餐巾褶狀垂下的桌前閒聊，從港灣吹來的宜人涼爽微風，拂過他們的身子；餐具哐噹作響；燭光映著酒杯閃耀；空氣中羅勒飄香；穿白色長圍裙的年輕服務生，端著一碗碗熱騰騰的蛤蜊，和一盤盤鉗子懸在邊上的鮮紅龍蝦；餐廳正中央有棵大樹；樹底下站了打扮時

髦、看似紐約客的男人，等著為你登記候位；不過你想坐在蛤蜊吧台前，對吧，因為那裡才能將料理的過程一覽無遺……

♪　我猜，你大概會想知道，故事是怎麼起頭的，我怎麼和喬緣起相識，這本日誌又是怎麼誕生。

♪　希望，你喜歡愛情故事！

Across the gateway of my heart, I wrote 'No thoroughfare,' But love came laughing by and cried, 'I enter everywhere.'

我在心門寫下
「不准通行」，
但愛情訕笑而至，
高聲傳報：
「哪裡我都暢行無阻」。

♥ *Herbert Shipman*
賀伯特‧希普曼[10]

12

A FINE ROMANCE
愛的羅曼史
再次墜入愛河

伊莉莎白女王號

渴慕著，盼望著，要見你，
我如履薄冰。
♥Madoka Mayuzumi 黛円

喬送給我的第一個禮物是從伊莉莎白女王號郵輪買的紀念品袖扣；他請人把它做成手鍊上的飾品，在我們愛情萌芽的階段送給我當禮物。

若說起我們當晚初識的經過，這項禮物便獨具意義。夏末的一個美麗傍晚，我們在瑪莎葡萄園（我們住的地方）一家名為「海洋俱樂部」的餐廳相逢。當時我坐在蛤蜊吧台前的木頭高腳椅上，和一同前來的女性友人交談。我們的面前是櫃台，櫃台彼端有個穿圍裙的酒保正在

去蛤蜊殼,把它們置於鋪了碎冰的盤子;他站在一面鑲了金邊、高至天花板的大鏡子前,鏡子映出餐廳四面敞開的大片窗戶。兩個男人往吧台前我們旁邊空的高腳椅一坐。我認識其中一個,於是把身子往吧台倚,繞過戴黑色貝雷帽的高個男,向我認識的那個男人打招呼;就在餐具叮噹響、人們的談笑和音樂聲中,他向我介紹那個名叫喬的陌生人。

Joe 喬:我對她一見鍾情。我甚至記得當晚她穿什麼。
她穿了件白色亞麻襯衫、長長的窄裙,
又配了條寬皮帶。

Me 我:還是由我把故事娓娓道來吧。

S 既然彼此的肩膀都貼得近到相互摩擦,對話自然也無可避免。我們保持友好、談天說地,跟一般人在那種場合做的事沒兩樣。隨意間聊罷了。

F 稍微介紹一下背景好了,我差不多是在決定永遠不理男人的時候與他喜相逢。人生悲慘的際遇踩躪我心,五年前難堪地結束一場婚姻,讓

我心力交瘁，(感覺自己一無是處。後來尋尋覓覓想要重拾愛情，幾年下來卻只是兜兜轉轉無花無果，最後我終於放棄。談感情實在太危險了。我對著廚房的壁紙說：「到此為止」，舉起茶杯跟自己在廚房窗戶的倒影乾杯。我心目中的人生——又或者我渴望的人生絕不是這個樣子——可是事實擺在眼前，我注定孤單到老。膝下無子，走入三字頭的末段班。後來我跟命運妥協。在重建人生的這條路上，我必須找到其他想要追尋的並且在乎的事。

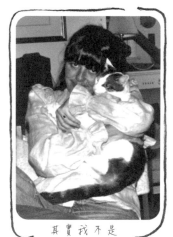

其實我不是
一人獨居。

B 況且，我夠有福氣了；我在樹林裡有間單房小屋，不僅可以遮風蔽雨，也可讓我隨心所欲地布置。屋外有座長滿野生藍莓的園子，還有條我每天都能散步的小徑，它接著泥路，通往水畔。我也養了三隻貓。日子過得去。再說，遇到喬的那段期間，我正熱切盼望自己要在十月底出版的第一本美食書。這些奇蹟對我來說已經足夠。做人不該貪心。

"It is overdoing the thing to die of love."
「過分計較是使愛情消失的元凶。」
♥ 法國俗諺

那天晚上在餐廳裡播的那首歌的歌詞
我背得滾瓜爛熟。💙

喬看起來人蠻好的，挺友善的；沒過多久，他就拿
他籃子裡的食物餵我（因為這是他的習慣！）。他
比我小五歲，稚氣未脫。高高帥帥，非常可愛；但說到底，
還是稚氣未脫。

雖然先前已有兩位靈媒不約而同地預言我會愛上
高個兒蓄鬍男，而喬個子高又留鬍子，我卻沒想
過心上人會是他。

　　預言我沒太當一回事，因為蓄鬍男真的不是我偏好的
那一型。雖然多年前我曾在日記
裡寫下真命天子的條件：「身高
接近190又會下廚的獅子座」，
而喬說他的生日落在獅子座，還
經營一家地方上名聲響亮、名為
「黑狗」（Black Dog）的餐廳，
而且他身兼廚師，我還是沒想過
白馬王子會是他。

那天晚上我們無話不談。我也得知他欣賞的演員是弗雷‧亞斯坦（Fred Astaire）和琴吉‧羅傑絲（Ginger Rogers）[2]。（我有沒有說過我很愛弗雷‧亞斯坦跟琴吉‧羅傑絲？我愛死他們了。我很迷老片子！）我交往過的男人，沒有一個聽過弗雷跟琴吉的！喬卻買過弗雷‧亞斯坦的專輯呢！

　　他也提起十二歲那年曾和母親乘船至英國遊玩，教我聽了好生欽羨──這一直是我夢寐以求的願望。許多我鍾愛的老片子都有豪華的遠洋郵輪入鏡，像是《金玉盟》（An Affair to Remember）、《淑女伊娃》（The Lady Eve）、跟《來跳舞吧》（Shall We Dance）；我從小時候起就對它心馳神往。搭船旅遊的話題教人樂此不疲，我們也聊到有多想乘船遊歐洲（當然是各去各的）。

　　跟他聊天挺有意思的；吃進嘴裡的青醬也是話題之一，這玩意兒當時才剛引進小島；但他對我來說仍嫌太小，更重要的是，我已跟自己說好，這輩子不談感情了。這個決定讓我感到踏實；我可以很安心，不怕再被靠不住的愛情傷害。

A 後來我們又巧遇彼此兩、三次；畢竟這是座小島嘛。
我們互打招呼，但僅此而已；儘管總是留下好印象，
但沒什麼好和家鄉親友提的。

　　這點我的姐妹淘黛安娜可以作證，因為我的信裡從沒
提過這號人物。

Joe 喬：那時我被她迷得神魂顛倒，
可是正要結束一段戀情，所以沒辦法約她。

Me 我：隨你說。
（他真的用「神魂顛倒」來形容嗎？）

S 幾個月過去了。楓紅葉　　　落，我的第一本書出版了；冬天降臨，　　　雪花始落，在一月底風雨交加的某一天，　我覺得待在家裡好悶，索性上「黑狗」吃午餐，畢竟我時常這麼做。

　　我喜歡拿一疊雜誌，點一碗巧達湯，挑個火爐前的座椅窩著，遠離降雪的午後，避開人們的目光，孤伶伶地，只有我獨自一人，和當下手邊某本居家布置的雜誌作伴。

S 而喬突然從廚房後的某個地方冒出來。以前我從沒在那兒碰過他。

　　「你好、你好，」我們互相打了個招呼，但他馬上劈頭就問：「我可以坐一下嗎？」

　　拉動的椅子刮過木頭地板，依舊戴著那頂可愛黑色貝雷帽的他就座了。

G 我捨不得把目光從雜誌移開，稍微有點覺得隱身的幸福白日夢被打斷了。我面　同他，聽他想說什麼。

　　他接著告訴我，他有兩場波士頓交響樂團的門票，日期訂在二月的第一個週末，並邀我和他同行！

　　　　去波士頓！共度週末！

他若無其事地說著，彷彿一切再尋常不過了！我不知該如何回應，因為我還沒想好藉口；不過，我說什麼都不會跟一個素不相識的陌生人共度週末。

這個我沒見過幾次面的男人，說不定是什麼斧頭殺人狂呢。

問題是（問題時至今日仍在），我只要一說謊，謊言就會像吃角子老虎機轉出櫻桃似地在我眼底浮現。

我迴避對方的目光；講話結結巴巴，猛眨眼睛，腦袋一片空白——我可以感覺有人用打字機把騙子這兩個字打在我額頭上。

除非我完全準備好接受奧斯卡最佳女主角獎，否則能不說謊就不說謊；除非有時間排練，否則我也不可能接受這個獎項。我不喜歡當著別人的面，傷他們的心！

在此刻到來的許久之前，我就跟自己約法三章：無論如何，說「好」就對了。

如此一來，我就可以回家「查日曆」，發現自己到時候會「很忙」，給那個人回撥電話，再優雅地取消約定，這樣自己省得尷尬，也給對方台階下。

所以，這就是我的如意算盤。「好，我很樂意，」我滿腔熱情地說：「聽起來很好玩。」諸如此類的話，我們就這樣約好了。

他說會再打給我之類的，然後又鑽進廚房，而我也樂得繼續讀那本教人怎麼把舊桌巾變窗簾的書。不用去波士頓啦。

我在瑪莎葡萄園的第一個家

O 我在加州（加州，我成長的地方，也是那段悲慘沉痛的婚姻結束的地方；加州，六年前傷心欲絕的我，就是從那裡逃離，奔至瑪莎葡萄園）的摯友黛安娜在電話上問：「這算是約會嗎？」「沒啦，不是約會，」我說：「他年紀太小了；大概冬天沒別的事好做吧。」

T 「那你為什麼不想去？」她問我。我把那套陌生人／斧頭殺人狂的理論解釋給她聽；她笑著說：「如果他是斧頭殺人狂，老早就上報了！況且，你總是一個人孤伶伶地待在偏僻的小屋，被冰天雪地包圍——我很擔心你哎！」

現在有機會到那個五光十色的大城市走走，還有把波士頓當自家後院的本地人同行。瘋子才不去！又不是要叫妳嫁他！訂兩間客房不就得了！」

S總是她說得有道理。每次我去波士頓會迷路。我漸漸開始覺得，或許我真的該去。雖然不清楚他邀我的原因，但我非常確定中間沒有男女之情，畢竟我們年齡有一段差距。況且我們有很多好聊的。

打從初識的第一晚，我就知道我們有好些共通點；我們都來自大家庭；喬是五位手足中的么弟，我是八名子女中的長女；家裡發生的怪事趣聞，在必要時刻總是能當個好話題！而且我們也能聊吃的呀！

不用說也知道，我們會訂兩間客房。我好愛客房服務！正值冬天，閒來無事；去就去囉！

H過了兩天，他打電話給我，時間有點晚，從派對上打來的；我可以聽見背景的音樂與人聲。我聽他打開話匣子邀約……

我沒試圖開脫。要求訂兩間客房這件事，讓我覺得自己像個冒昧的傻瓜，因為我打從心底知道，他也把目前的關係定位在純友誼。想當然爾，他欣然接受，說了聲「沒問題」。徹頭徹尾的紳士。後來我才知道他在派對上喝了「一點啤酒」。

Joe 喬：我不記得我打過那通電話。都是她瞎說的。

二月六日他接我搭郵輪的那天，天氣很冷。我們從頭到腳包得緊緊的，毛線衣、圍巾、帽子、手套、大衣外套全員出動。他仍舊戴著那頂從不摘下的黑色貝雷帽（帽頂有顆凸起的小球，貝雷帽的起源地：法國西南部貝亞爾奈斯語稱之為：cabillou，直譯為「小尾巴」，也為這頂小帽子增添生活的樂趣──

我在加州認識的人，任誰戴了這頂帽子都會顯得很蠢；唯獨他戴起來可愛。我是以客觀的觀察者、和時尚鑑賞家的身分，從科學的角度評論。）

A 我們橫渡汪洋，在風雨狂攪的幽暗海面上下擺盪，帶著海鹽的浪花沖刷窗戶，模糊了燈塔與海岸線。

我們巧遇喬的一位老友，到溫暖的小吃店，只見船頂方方正正的寬敞空間，四面盡是一個個雅座，我們挑了其中一個入座。有她在場，等於幫了我一個大忙，為我們擋掉過多的尷尬，也讓交談變得輕鬆自在。

我在船上只出過一次糗。當時我穿了條沉重的單寧裙，把臀部包得緊緊的束腰長裙，其中一側縫了一排鈕扣。我配了條柔軟的皮帶，上頭有個好笑的牛角釦環，是這樣扣的：

洛拉‧艾許利（Laura Ashley）的襯裙！←

T 把大環卡在其中一個小環上，捨緊的牛角扣再穿進去固定。

（又或許固定不了……）

A 我畫這條皮帶的同時（皮帶我還留著哟），不禁問自己，幹嘛買這麼誇張的玩意兒？哦！我知道答案了！因為它很可愛嘛！）

O 我起身為咖啡加奶精，沒想到當我站在整層樓中央的小亭前，那條可愛的皮帶竟然鬆脫了。

它咚地一聲，像是石頭落地。我過了一會兒才發現。低頭一看，只見它落在我的腳邊；這種感覺就像是內衣掉到地上！我彎腰將它拾起。應該沒有其他人注意到，但我的臉頰還是情不自禁漲得緋紅。

F 四十五分鐘後，郵輪駛進鱈魚角伍茲霍爾（Woods Hole on Cape Cod）的碼頭。船一靠岸，我們便和喬的朋友告別，上了喬一直停在這裡的車，展開兩小時的車程。

一路上行經降霜的矮葉林，在煙燻色天空的襯托下，顯得黑壓壓的一片。我們駛上 28 號公路，前往波士頓。

C 這下只剩我們兩個了。

沒想到聊天還挺輕鬆的，沒有令人不安的沉默。

我們發現兩人在許多小事上都有共通點。除了弗雷・亞斯坦（這你必須承認，一般男性不會喜歡）和遠洋郵輪之外，我們還發現兩人母親娘家的姓氏一樣！除此之外，他的郵箱號碼是 6324，我的是 2463！

情節愈來愈複雜了……
就算他帶了斧頭，我也沒看見。

我們的房間
OUR ROOM

犯罪現場
SCENE OF CRIME

我們抵達了波士頓。喬在飯店櫃台辦入住手續，我則一面欣賞壁紙，一面在火爐前取暖。

服務生帶我們上頂樓，領我們到角落一個擁有獨立壁爐的大房間。

喬不忘給轉身離開的服務生小費，並跟他步出門外，說是要去停車。

一切來得太快，我來不及問：「那我的房間呢？」畢竟我也不想當著服務生的面問。現在房裡只剩我一個人了！我馬上拿起電話，撥給加州的黛安娜。

她接起電話：「喂？」

我立刻切入主題；時間寶貴啊。

「他只訂一間房！」

我站在一扇挑高的觀景窗前，眺望城市的風景，看光線在摩天大樓的窗上閃爍，看雪花片片旋轉飄落。

「我該怎麼辦？」

她馬上嗅出事態的嚴重性。

「他人呢？」

「他去停車了。」

「你們目前處得怎樣？」

「不錯，很好，沒問題。可是只訂一間房哎。」

「房間多大？」

「很大。」

「一張還是兩張床？」

「一張。」

「大的雙人床？」

「嗯一哼。」

「妳帶怎樣的睡衣？」

「寬鬆的法蘭絨睡衣；室內大概有 -0.1℃。」

「房間裡有浴袍嗎？」

「等等，我找找哦……有，毛巾布料的白色浴袍。」

「太好了，可以拿它當盔甲。」

「那我該怎麼辦？」

「不怎麼辦。妳很好啊。這也不是約會，他只是普通朋友，
對吧？」

「對……可是……」

「又不是不能跟普通朋友共睡一張床。這沒什麼大不了的。
他就像個小弟弟。」

「是這樣嗎？這樣好嗎？……好吧，你說得對，我辦得到。」

這還用說嗎？我到底在想什麼啊？

黛安娜說得沒錯！是我反應過度，小題大

作。或許要訂幾間房的事，是他忘了；又或許他旅費不夠之類的。他年紀還小；我應該要有雅量，還是不要讓他難堪好了。我有四個弟弟；我辦得到；反正他根本對我沒那個「性」趣。

我找了一堆貌似有理的藉口，想辦法冷靜下來，等這位朋友兼小弟弟把鑰匙插進房門鎖眼時，我的心情已相當平靜。

喬走進房門，雙頰被凍得紅通通的，黑色長大衣跟可愛的貝雷帽上灑著片片雪花。他懷裡捧著一束鮮花，五彩繽紛的鬱金香和鮮亮的黃水仙，隨著融雪點　　　點閃爍，使房間瀰漫春天的香氛。他從大衣外套　　　　　的深口袋取出一瓶香檳。

喔哦，我在心裡暗忖……

看樣子不妙哎……

28

那個週末，我們穿大衣、戴手套，任圍巾被風吹到身後飄盪，手牽著手走遍波士頓的大街小巷。

在走回飯店的途中，共進晚餐後的第一個夜晚，在細雪紛飛的波士頓公園，閃閃發光的樹下，他吻了我，那不像是姐弟的吻，也完全不像是孩童的吻。不過，我們依舊保持互敬互重的距離，就跟 1987 年赫然發現彼此初次約會的愛侶一樣。

星期六晚上，我們沒去演奏會（兩人誰也沒有興致了）；喬帶我到伯克利街的一家小飯館享用燭光晚餐。

他穿外套、打領帶；穿白色長圍裙的服務生，把亞麻布餐巾鋪在我們的大腿上。我們點了同一道菜，這件事我永遠不會忘記，因為從此之後，我們每次外出晚餐都會這麼做，然後一同研究食物、分析食材，

之後我們好回家做。如果你曾試著做我《葡萄園的季節》（Vineyard Seasons）書中的法式黑椒牛排★，就會知道那晚我們的晚餐有多銷魂美味。

L 梢晚，我們步出舒適愜意的餐廳，在繁星點點下迎著清新的冷空氣走回飯店。中途聽見鈴噹般的樂聲，便開始往那個方向移動。

令我們欣喜的是，一拐過轉角就見到整個波士頓警局的風笛樂隊，蓋爾管樂鼓號隊（Gaelic Column of Pipes & Drums）齊步走過杳無人煙的紐佰里街中央，為聖派翠克節（St. Patrick's Day）的遊行彩排！

T 那尖尖細細、陌生卻又觸動人心的樂聲瀰漫空氣，在幽默空無的城市街道迴響。

鼓手一面行進，一面旋轉鼓棒；他們正在演奏民歌「丹尼男孩」（Danny Boy）……

♪♫ 'Tis I'll be here in sunshine or in shadow...

無論陽光普照或陰影籠罩，我一定會在這裡……

S 我們還有另一個共通點，那就是都喜歡風笛。聽起來像是天賜之福。然後到了回家、重返現實的時候了。返家隔一天，我媽便造訪小島，在我這兒住了十天。

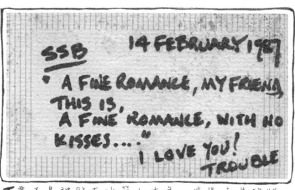

SSB　14 FEBRUARY 1987
" A FINE ROMANCE, MY FRIEND
THIS IS,
A FINE ROMANCE, WITH NO
KISSES…."
i LOVE YOU!
TROUBLE

T 要不是被貼在冰箱上十年，這張卡片的狀況會好很多。♥

那十天內，喬打了兩次電話；老媽留宿期間，他也順道拜訪打招呼一兩次。還帶我們外出晚餐。

情人節當天，他送我一張弗雷‧亞斯坦的專輯。那張卡片（隨玫瑰附上的卡片）很貼心，可是上頭寫了「愛」這個字！可怖啊！我努力保持理智；令我慶幸的是，有老媽坐鎮當女伴。

不過，除了情人節跟那頓晚餐，在那十天期間，喬好像很忙，甚至有點疏遠，這讓我有點摸不透，不過也無所謂；我盡量不去想他，畢竟，我在心底，還是打算不愛了。

Joe 喬：我只是想給妳多點時間跟妳媽相處。

（我們別忘了，你跟另一個女孩分手後還藕斷絲連……這是我後來發現的！）

Joe 喬：對吼。

31

MOM 老媽：<u>他真體貼，不是嗎？</u>

（她只知道「多點時間跟妳媽相處」那個片段。）

M 我媽看到裔的第一眼，就對這小伙子青睞有加。她覺得他沒得挑剔，除了那星期他電話打得不夠勤之外。

「他怎麼不打來呢？」她問道。（一直掛在嘴邊。）

S 我不禁暗忖：*早知道就不跟她說了。*

她坐在綠椅上打毛線。我坐在桌前畫水彩畫。外頭冰天雪地，壁爐生火取暖，電視上在播奧黛麗・赫本（Audrey Hepbur）主演的《龍鳳配》（Sabrina）。老媽想跟我聊裔的事，自然打開話閘子。

「妳說他帶我們一塊兒晚餐，是不是很體貼？他看起來人很好，是個紳士。我覺得他為妳瘋狂哎！」

「妳是不是說，他是五個兄弟姐妹裡年紀最小的？就跟我們家的布萊德一樣。你們兩個的共通點真多哎！」（沉默片刻。）「妳見過他爸媽了沒？」「媽，還沒。」他的爸媽！她真把我給問倒了。

T 打毛線的針咔嗒咔嗒響……她繼續滔滔不絕……「我一眼就看出他對妳有意思；吃晚餐的時候，他對妳殷勤得不得了。」她透過眼鏡望著我。「我真搞不懂他怎麼還沒打來。一定是忙過頭了！真不敢相信餐廳全是由他一手打理！」（老媽探聽的情資有限。）

她拿紗線勾著針，精神抖擻地抬頭問我：「現在幾點啦？」我轉頭看時鐘；她繼續說：「也許他吃完午飯就會打來了。」

她歪著腦袋：「哦！聽到了嗎？是不是有車來了？」

「媽，我拜託妳。」我說：「不要再提他了。我喜不喜歡他都還很難講呢。我不想一直坐在這裡，猜他此時此刻在幹嘛。請不要再提起他了。」

「哦，好吧。對不起。」（還是忙著織毛線。）

現在換我內疚了。

「不用對不起啦。」

我們母女倆就這樣默默無語，一人打毛線，一人畫畫。女主角莎賓娜剛從巴黎回來，在火車站等她爸，一頭俏麗短髮又牽了隻貴賓狗，看起來非常時尚。我專心聽電影情節，心裡沒想著喬。柴火輕聲劈啪，打毛線的針咔嗒咔嗒，莎賓娜跟大衛上車了，女方逗著他玩，故意不說自己是誰。我正在畫桌上的一籃蘋果；一滴紅色顏料在濕濕的水彩畫紙上綻開。

「搞不好他……」老媽一張口就發現她又情不自禁提起他，趕緊閉上嘴，臉上寫滿內疚。

T太遲了；我頭一動也不動，兩眼往上吊望著她；我忍俊不禁，因為我又在想他了。

A探親之旅完美落幕後，我親愛的媽咪返回加州的家。那天早上，喬打來了，我理所當然地邀他過來吃晚餐。

H他敲了敲門，隨著高大的他進屋來的冷空氣，把燭火吹得搖搖晃晃。我天花板低矮的小屋，擠進拔地參天的他，頓時顯得像是娃娃屋。他送我一束黃水仙。我把他的貝雷帽掛在門後。

「妳家好香哦。」他說。

扒我們在爐火前用餐。有說有笑，播放老唱片；法蘭克‧辛納屈（Frank Sinatra）唱著：♪你看見一對會笑的眼睛♪，突然間竟連聲嘆息……♪

喬為爐火再添一根木頭；我們一起享用脆蘋酥。而那一晚，喬變成前來晚餐………從此不再離開的男人。

A過了幾天，我打電話給老媽，告訴她「他打來了」！

她樂不可支！

喬和老媽

34

SNOOKUMS

IZZY WIZZY WOO?

KUTCHIE KOOTCHIE

xxx J.

WE SEEM TO SPEAK THE
SAME LANGUAGE

我們似乎說同樣的語言

再跟我多聊點，
別急著走，
你是個詩情畫意的男人。

Phoebe Snow

菲比·史諾[3]

雖然花了點時間，但喬讓我再次相信愛情。有時我們會生彼此的氣，但只要記得講起我們初次約會的故事，他捧著滿懷的花回到飯店客房，我們就會和好如初。

Sweeeeeetness!

我們相識多年後，喬拿著一張字條，一邊回憶，一邊用起伏的聲調吟誦兒時的睡前禱文。（一聽到「小布丁」，就教我揪心。）

「請上帝保佑把拔跟馬麻、史提跟貝茲、南西跟湯姆、約翰跟麥可跟喬伊（他自己）、蘇西（貴賓狗）、包打聽、小黑、小布丁、山米、喬治雅、全麥餅乾；我所有的朋友跟親戚。還有讓我成為一個好孩子。阿們。」

我們，攝於 2004 年，英國巴斯（記得要用英國腔念 "Bawth"）

SAIL AWAY WITH ME

和我一起飄洋過海

　　2004 年，我跟喬實現了初次碰面時提到的遠洋郵輪夢，搭乘伊莉莎白女王 2 號，完成這輩子最美好的冒險：漫遊英國的鄉間小徑和農村！

　　一切盡善盡美，對我們而言，是美夢成真，也是大開　眼界、改變人生的一趟旅程。

　　打從 2004 年起，我們就一直渴望返回英格蘭、重啟旅程，卻又似乎一直在找藉口，說服自己「現在」時機不對。

快轉到 2012 年微風徐拂的二月。我們在瑪莎葡萄園的老家壁爐前，慶祝初次約會就永不分離的 25 週年紀念日。

喬從他的法式黑椒牛排和焗薯派前抬起頭來，說：

「我們再去一趟英國怎麼樣？我是說真的；這次不黃牛了！」

「你在想什麼？」我坐直身子問他。

「什麼時候？」

「現在。不要拖了。」

「你是說今年春天？那不就像是明天就要動身？」

（我常用「像是」（lik）這兩個字。）

「對！說到做到！」他突然變得自信滿滿。

「我們老是說了又說，卻不付諸行動。這件事也拖得夠久了——擇期不如撞日——趁我們還動得了、家人都還健康——別擔心，貓咪不會有事的！我們應該馬上出發！」

「要去多久？」我試著想像這個出遊計畫；喬算是退休了，但我工作才做到一半。

BREAKING AWAY　　　　FROM NORMAL
掙脫「尋常」的枷鎖

誰來幫我清毛球呢?

Jack

L 「我們五月去吧,」他說:「六月底回來;跟上次一樣,兩個月。」

O 「哦,親愛的,」我邊說邊搖頭:「我覺得不太可行哎。」

音樂響起

光輝歲月,與你擦身而過。 ♪
光輝歲月,在妙齡女子的眨眼剎那……
♫ BRUCE SPRINGSTEEN (布魯斯·史普林斯汀) [4]

B 但這個念頭一直在我們腦中縈繞不去。我們勇敢作夢。在晨間散步時聊起,衡量利弊得失。其實擺明了不該去。首先,我們不該動那筆錢;況且,我還有書沒寫完;再說,我們的小貓傑克才7個月大;就這樣義無反顧去兩個月?園裡的花草誰來照顧?禦寒的外層窗誰來拆?

E 說了千百個絕不能去的理由,但每次討論到最後,都以「可是那一定會很好玩的」作結。

E 四月初,我堂堂邁入65歲大關!

光輝歲月,
擦身而過。

I 這念頭,在我心裡百轉千迴,我總是渴望去湖區看波特小姐 (Beatrix Potter) 之家……,一位生活態度令我景仰的水彩畫家。

Girl Kitty

最近我有沒有說,我多愛跟你們一起睡覺?

J 喬說：「這次我們該探索湖區，造訪波特小姐之家。」啊，就這句話打動了我的心。喬打給冠達（Cunard）⭐ 郵輪公司，訂了瑪麗皇后2號的特等客艙。我們開始列待辦事項，安排留宿地點，找小貓寄宿之家／照顧小貓（幫牠清毛球）的幫手；懷抱忐忑不安、有點欣喜慌亂的心情採買和打包行李。遠洋郵輪耶。我的老天爺啊（OMG）。

T 時間真奇妙；前一秒剎那似永恆，一轉眼卻如白駒過隙。

B 我們在最後一刻，做了個大膽成熟、縝密思量的決定，預定於2012年5月4日從紐約出發。接下來的兩個星期，我會在旅程展現眼前的同時，繼續書寫這本日誌；我們想邀你一同身歷其境——說好就對了！

T 這本書始於過去，將在未來畫下尾聲，至於接下來會發生什麼，依舊是個謎團。很有意思吧？

A 我動筆時，是五月二日；我們明天就要開車前往紐約了！你也快打包吧——護照記得要帶哦！

HERE WE GO....
YIKES!
and
¡OH BOY!

Twenty years from now, you will be more disappointed by the things you didn't do than by the ones you did.

Sail away from the safe harbor. Catch the trade winds in your sails.

從現在算起，20 年後，跟你做過的事相比，
那些沒做的事，會更令你沮喪。
駛離安全的港灣。掌握你的風向吧。

E X P L O R E.

Dream.

D i s c o v e r.

Mark Twain

冒險，逐夢，探索吧。

——馬克‧吐溫

40

BON VOYAGE
旅途愉快

M 5月3日。和大家告別；今天午後離開小島，駛向紐約。我們到了康乃迪克，要在這裡留宿一晚。在葛里斯沃飯店的壁爐前大啖晚餐。喬點了皮姆之杯（Pimm's Cup）★配《紐約時報》；我的新日誌則與我一同啜飲冰釀玫瑰。郵輪明晚才要離港，不過我們下午1點左右就要登船了。

好興奮哦。

T 最教人揪心的，就是跟小貓們吻別。今早我進廚房，看見傑克前腳懸在打開的餐具抽屜。留著大偵探波洛（Hercule Poirot）小鬍子的他，看起來好可愛哦，害我差點就要取消旅程了！女娃凱蒂則是死賴在我的手提箱不走——我把我們穿舊的T恤跟睡衣放在牠們最愛打盹的地方——這樣貓咪就可以躺在上頭睡覺，聞著我們的味道，知道我們會回家。我不能再一直想牠們了。有專家照顧貓咪——幫我們看管房子的威爾，以前也陪過牠們；他會無微不至地照顧小貓。

She (the cat) hasn't had her full ration of kisses-on-the-lips today... she had the half-past-six one in the garden, but she's missed tonight's.
♥ Colette

左文：她（貓咪）今天的對嘴親親還沒吻夠……，6點半在花園吻了一次，卻已經開始想念今晚的了。
♥ 柯蕾特

41

W

5月3日（續）

我第一次跟喬約會的時候，曾問過他：「要帶什麼才好？」他說：「什麼都帶。」

A 從那時開始，這就成為我們旅行生活的一貫模式：什麼都帶就對了！不過這回我們可能帶過頭了。車子幾乎塞到連給我坐的位子都沒有！我們帶了兩台筆電、兩支手機、兩台相機加電池、旅行用印表機、電源插座、延長線，還有萬用電池充電器。我們帶了音樂CD、影片、電熱壺、馬克杯、一罐我最愛的薰衣草格雷伯爵茶，和喬最愛的PG Tips特調立體紅茶包（因為在英國喝好茶有多難，是眾所皆知的事嘛！）。差不多就這樣囉！做好一切準備了！

W 我們也買了專屬的美式量杯跟湯匙。屆時我們會住在公寓和農村小屋，屋裡有廚房，所以我們可以下廚——不必老是外食，這樣更有居家的情調。

J 枕頭我自然帶著走，如果少了枕頭，我是哪裡也不會去的；水彩顏料也少不了，這樣只要一安頓好，就能開始繪些小圖；正在織的衣物、綠色的彩格呢披巾不離身，喬小時候跟媽媽第一次搭船買的玩偶「派提」也一塊兒同行；我們裝了一袋旅遊書，和參加郵輪晚宴的正式禮服——以及出國兩個月的日常生活必需品……，好處是，上船時沒有行李的重量限制！

T 這裡的酒館有樂團現場表演；現在他們演唱的是「世上不會再有另一個獨一無二的你」。

↑
瞧！是自由女神像哎！

AT SEA
在海上

M 5 月 4 日，星期五晚上 7 點，出航日！

EASTBOUND TRANSATLANTIC CROSSING HAS COMMENCED!
WE'RE ON THE SHIP and it is MOVING!
開始橫渡大西洋，往東行！
我們上船了，郵輪也開始動囉！

R 此時此刻，我正坐在「海圖室」一張雞尾酒桌前的舒適
扶手椅上，面向一扇挑高的窗戶——其他乘客有的漫無目的轉來
轉去、進進出出，有的坐在椅子和沙發上。我有日誌和自由女神
像筆作伴——想趁自己忘掉之前，把這美妙的一天記錄下來！我
的窗外就是大海哎！

5月4日（續）

T有的人一上船，就馬上在散步甲板的休閒椅上伸直身子、打起盹來！也太鎮定了吧！不曉得他們是怎麼辦到的——想必是經驗老道的旅遊達人。我們就不是這樣了！整天跑來跑去，像是玩尋寶遊戲似的——找皇后廳、水療中心（峽谷牧場水療哎！）、圖書室、天文館！！、餐廳；五座泳池、戲院——放眼望去，是寬闊大器的階梯、漩渦圖案的地毯布、玻璃與光澤的黃銅。在金碧輝煌的鏡面電梯裡，法蘭克・辛納屈唱著：「她肚子太餓，等不了八點才吃晚餐……」♪

就像置身電影中！

O我們的客艙有專屬的戶外露台。房裡有瓶置於冰桶的香檳和兩個玻璃杯，迎接我們的到來！

A瞧瞧這條走道——我們的艙房在盡頭。

我們拐過彎，來到這條走道時，喬說：「唉呀，我們一定是上錯電梯了。」然後他看著我說：「妳跑去站在我們的房門前，讓我拍張照吧？」

「是不是我站在那裡，真的有差嗎？」我問他。「不能等別人經過的時候指，再假裝那個人是我嗎？」

「是你本人的話會更好，」他可憐兮兮地說。於是我站過去。你看得到我嗎？……看不到嘛。

我想我大概能在這艘船上減個幾公斤吧！

WE ARE ROCKING A LITTLE BIT...
船身有點搖晃了……

我們在下午1點登船，現在8點多了，我們已經錯過晚餐時間了！不過沒關係，喬還在外面拍照，而我又興奮得吃不下飯。但還沒興奮到喝不下酒——一位來自拉脫維亞的雞尾酒女服務生，才為我倒了一杯酒。船員似乎來自世界各地——乘客也一樣。好一幅世界的縮影。

這是兩個小時前的景象，瑪麗皇后2號鳴笛，長長的一聲低鳴，朝天空噴了一朵黑煙，並開始移動，龜速駛離港灣，整個紐約市在我們面前一覽無遺！！！

BREATHTAKING
令人嘆為觀止

我們一塊站在觀景台上，俯視眼底的景象——每層樓的乘客斜倚露台，或是揮手，或是閒聊，或是拍照留影。四樓甲板下的散步甲板，可以看到有人慢跑、情侶閒逛、孩童玩耍、

團體出遊的旅客聚攏拍照、服務生推著推車,為在休閒椅上斜躺的人送上香檳;帝國大廈在遠方、海鷗鳴囀、旗幟飄揚;拖船和郵輪鳴笛,向皇后號致意;發冷光的海天、每艘船後方都拖著白色的泡泡尾波。

AND THEN! 彷彿這一切還不夠精彩似的⋯⋯

就在我們駛過自由女神像的當兒,陽光今天初次露臉,照耀她的星形后冠、點亮紐約、讓懸在欄杆上百來杯的香檳閃閃發光!我抬頭望著喬──在矇矓淚光下,他雖顯得模糊,我卻能看見他和我一樣,兩眼閃爍著淚光。他把我摟進懷裡,與我碰杯祝酒──鏘!「親愛的,結婚週年日快樂」,我們一致認為,那一刻我們像是世上最受寵的幸運兒。

46

我們在漸暗的薄暮餘暉中加緊腳步；郵輪駛出港灣時，點點燈火亮起，也起風了。我嫌冷，所以走進海圖室，往靠窗的位子一坐，觀賞大船出港。我已有預感這裡會是我最愛的角落。我說過這兒有人演奏小提琴嗎？沒錯，真的有呢！身穿制服的服務生用托盤盛著飲品，遞送給沙發和椅子上的乘客。演奏的樂聲悠揚，冰塊叮噹碰撞——船裡和我窗外的景致形成強烈對比。

打從我們離開碼頭，海上巡邏隊跟紐約市警局便有的開船，有的駕直升機，一路護送我們出港。郵輪開過韋拉札諾海峽大橋（Verrazano Narrows Bridge）下時，旁邊有艘護航艦疾行，船上還有由人操縱的機關槍呢，它乘風駛過我們的尾波白浪。→ 看到了嗎？

濺了海鹽的厚玻璃另一面，只見耀眼的燈火在鏡面和酒瓶上閃爍，小提琴演奏的

小夜曲，和一一端奉的雞尾酒；反觀窗外寒氣逼人、色彩黯淡，還有支機關槍呢！有點奇怪，對吧！沒多久前，郵輪抵達公海；那艘護航艦突然停駛調頭。我們要獨自航行囉！

I 我得暫停一下——剛走過去的一個女人穿了整套的水手服耶——連水手帽都沒少！又配了雙紅色高跟鞋。我把她畫出來。非得跟你分享不可。

T 這艘郵輪在港口顯得宏偉壯麗；即使停靠在紐約旁仍獨樹一格、毫不遜色——如果把它豎起來，它能跟帝國大廈齊高呢！不過，我眺望波濤洶湧的海浪時，卻赫然發現，我們或許沒有自己想像的那麼大。

兩分鐘前，喬進到室內。「妳看見了嗎？」我們在聊船過橋下的過程……「當然看見囉！」該吃晚餐了！先掰啦。

Cute!

Queen Mary 2
HAMILTON

48

DAY ONE
第一天

M 5 月 5 日，星期六，清晨 5 點，天色昏暗。早安！

我正躺在客艙的沙發上，枕頭擺在大腿上，日誌擱在枕頭上，寫日誌。我睡了一個好覺；船身輕晃，像是老房子落定那般吱嘎作響。喬還沒醒。我拿了個枕頭圍在他頭周圍，阻絕光線，再把房裡角落的枱燈打開，用我們帶來的電熱壺煮水泡茶。這裡提供 24 小時的客房服務，不過還是自己來比較省事。

找到電池了！

I 我開門步上露台甲板，迎向陣陣疾風和濤濤海浪，好像置身於洗衣機，我馬上又進屋裡來！現在已經不在堪薩斯州囉！不過客艙像是一顆繭，一切都被蒙著，靜悄悄的。床鋪舒適溫暖，有蓬蓬的罩被、羽毛枕，和光滑潔白的床單。

我們盡量把東西塞好——你絕對不會相信，這裡一共有 12 袋行李！喬把東西塞到床底下，或藏在窗簾後；房間裡也有許多抽屜跟不少貯物空間……

5月5日（續）…… **A** 昨天晚餐時，我發現搭郵輪我根本無法減重——體重不升就算我走運了！

　　餐廳宛若一個美侖美奐的舊式紐約夜總會，空間寬敞，餐桌分置於兩層樓高低不同的平台上，富麗堂皇的階梯在交集處抬頭望，即是一大片彩色玻璃天窗；白色的桌布、新鮮的花朵、柔和的燈光、多名服務生、一位侍酒師、無可挑剔的服務、和一份精緻的菜單，我們肆無忌憚地點餐，要怪就怪海風讓人饑腸轆轆！

　　A 享用完珍饌佳餚，外加草莓奶油泡芙和拿鐵咖啡，我們便到甲板上散步。

　　微風徐拂，霧茫茫的撲鼻清新；幾近滿月的月亮照得水面波光瀲灩，連船身的白漆都跟著發亮！我們感覺像是電影明星！真想從遠方眺望自己；全身金光閃閃，一道寬寬的月亮海面在我們

身後泛起白沫，看起來一定很美。風聲和滾滾浪濤催人入眠，使我打起寒顫——放眼望去，海天遼闊，彷彿恆久彌新。

　　A 我們手勾著手，繞著散步甲板悠閒漫步，經過挑高的窗戶，瞧見窗裡的乘客有說有笑；在帶著海水鹽味的風中，經過了那輪大大的銀色月亮。

我哼著電影《金玉盟》的主題曲，只有裔能聽見。
如果可以按下按鈕，回到任何你想去的時間點，
重溫你這輩子最鍾愛的時刻，豈不是很棒？真該有人
發明這玩意兒。

裔收藏的明信片

我們真的很喜歡昨晚同桌用餐的那對英國夫婦（來自薩塞克斯的約翰和琳達）。

我們一面享用青蒜馬鈴薯濃湯和義式奶酪番茄沙拉，一面天南地北地閒聊，其中聊到「搭船遊覽」（a cruise）跟「跨洋旅行」（a crossing）的差別。

「『搭船遊覽』是一種娛樂的形式，」約翰說：「就像是拉斯維加斯。結束之後，你回到原來的起點。但『跨洋旅行』是一種旅行模式。」

我會說，那是種娛樂的旅行模式。整整六天只顧著「存在」，其他啥也不做。還有閱讀、編織、寫日誌、呼吸海洋的空氣、在夢鄉酣睡！最後就到英國囉！

這是我們的繭中一隅；懂我意思了吧？看見喬的玩偶派提了嗎？通往露台甲板的門上貼著推特友人珍妮（Janie）★送的花環。上頭寫著「旅途愉快」。所以，這裡跟家幾乎沒有兩樣。

L **T** 梢俊，晚上 9 點 今天的行程如下：踩了四十五分鐘的水療腳踏車；甲板上潮濕沉重的霧氣；吹了一整天的霧角；催人入眠的海湧波濤；在國王美食區吃午餐；睡午覺；試著用電腦工作，無奈沒有頻寬；開始讀本新書，作者曾寫過《情迷四月天》（Enchanted April）[3]，那本書我愛死了。

晚餐是龍蝦尾，配甘藍菜奶油沙拉（像是涼拌捲心菜）佐萊姆和羅勒，以及巧克力聖代（把我辛苦運動的成果都抵銷掉了）。

現在，我坐在海圖室最愛的靠窗座位，鋼琴為科爾‧波特（Cole Porter）  唱的歌（我對香檳沒興趣……）[4] 伴奏。舉止高雅的男女身穿晚宴服，活像要參加奧斯卡金像獎似的，別金屬飾片、打黑色領帶，大夥兒談笑風生、觥籌交錯；這裡是多麼五光十色；喬多麼英俊；而我多麼幸運。

H 這是我們出發前，老媽寄給我的本月牡羊座星座運勢：

「根據行星的走向，
你有點太安於現狀了。
你的生活需要重新布局。」

樂譜，傳來更多[5]

♩♪ 不過是紙做的月亮…… ♫♩

LA LA LA LA LA   GOODNIGHT！

S5月6日，星期日，早上7點。人在繭中。外頭灰天白浪、波瀾壯闊。郵輪繼續破浪而行。昨晚裔叫了客房服務的早餐；他點了香腸燉豆！一大盤的燉豆配兩條大香腸和炒蛋。噁心。他幫我點了英式鬆餅佐果醬，我剛拿來配茶吃了；至於現在，我要回床上看書了。不過，首先，我還是先畫張我們的客艙圖好了。

WA WA

（實際情況比圖要亂上百倍！）

L稍晚：在海圖室；我們終於整裝，踏出房門囉。踩了四十五分鐘的腳踏車——甲板上風太大，很難行走。此時浪花吹散起伏不定的灰色潮水，模糊了窗戶。

電視 TV

FRIDGE 冰箱

ME 我

裔 JOE

淋浴間 SHOWER

WARDROBE 衣櫥

無窮無盡的走道→
11025 號房

T剛剛響起千聞汽笛，我不懂人們為什麼要稱它為「汽笛」，它聽起來明明像是菜鳥大號手吹的噪音嘛！接著對講機傳來船長的廣播，他用英文、德文、法文向大家報告航行狀況（目前所在位置的經緯度；船開了幾哩、橫越大陸棚後海水有多深；他還提到凌晨四點時，我們經過鐵達尼號的沉船地點……真是哪壺不開提哪壺）。所以呢，現在甲板上氣溫12.7℃；風勢溫和；氣壓穩定；正在起風，但是「不用擔心」，因為郵輪正是專為這種惡劣海象打造的。這句話倒挺中聽的。

H很難相信這艘船竟然載了這麼多人。我們搭的這艘是滿載，這意味著一共有 2,618 名乘客和 1,240 位船員登船。（我們問過了。）可是船上從來不讓人覺得擁擠；什麼都不用排隊；走道上除了我們，很少看見其他人；每次搭電梯也碰不到別人——此時此刻，這個舒適的房間盡是空蕩蕩的椅子，我不曉得大家都上哪兒去了，不過，船上有十五間酒館跟餐廳，或許這就是原因吧——人潮都分散了。真文明哪！

I如果有「郵輪小貓」那就更文明了。像是紐約阿爾岡昆飯店（Algonquin Hotel）那樣。「外送小貓」到客艙陪乘客打盹和睡覺也不賴呀。這個主意或許討不到每個人的歡心，但一定會讓我快樂似神仙！

J喬也喜歡這個點子，他正在讀《大不列顛簡史》（*Britannia in Brief*）[6]，所以不時會向我轉述有關喬治五世或金雀花王朝的一段趣聞軼事。不曉得還要多久，人們才會開始把維基百科的晶片植入所有的新生兒，把書統統丟掉，完全不用上學了？？？

I我開始變無聊了～去織毛線好了……然後再去干餐……先掰囉……

THE CHART ROOM

海圖室如果多了小貓跑來跑去，畫面不是更美好嗎？

A或許再加一隻眼神惹人愛憐的黃色大拉不拉多？那就太好了！

5月6日
（續）稍晚

S 我和裔坐在國王美食區大啖墨西哥捲餅（辣味手撕豬肉當餡，佐酸奶油！）；望著散步甲板，看室外瘋狂無畏的乘客都快被強風吹得站不住腳了，還是不停繞著船身走。天色漸暗；船身晃呀晃的；有時船與浪潮相撞時，會略為用力地砰的一聲。我要去戴防暈手環了。雖然還沒暈船，但我可不想冒這個險。

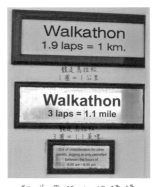

散步甲板上的標牌

T 我們身後的餐桌坐了兩位女士，她們想必聽見船長在駕駛台的廣播了，因為現在她們的話題繞著《鐵達尼號》跟沉船100週年紀念──也就是上個月的事──打轉。兩位女士想知道船上有多少救生艇，又聊到什麼溺斃啦、生還者的。如果這是電視節目，我一定會轉台。我從沒想過要問船上有多少救生艇。現在她們話題轉到《瓊樓飛燕》(The Unsinkable Molly Brown)[7]了，好多了！我很愛那部電影。

I 我沒事，這艘船完全嚇不了我，只求可以風平浪靜一點──現在根本是鼎沸狀態嘛！好吧──這就去數救生艇囉！

May 7 · Monday · 7am

ARE WE THERE YET?
到了沒啊？

看到什麼啦？看到一片汪洋。

我睡了十二小時哎！昨天下半天狀態不太理想。我暈船了。
太晚才戴防暈手環了；下次就算水面靜如明鏡，我也要在
登船前就戴好。戴了多半有效。喬倒是什麼事也沒有；他在縱帆
船上當了多年大廚，早就練就在甲板行走自如、不暈不眩的本領。
但是，只要海面波濤洶湧，就算是搭往來瑪莎葡萄園跟大陸、航
程四十五分鐘的郵輪，我也會感到反胃。

今早感覺好一點了；一邊編織，一邊啜飲甘菊茶安脾撫胃。
喬還沒起床，昨晚他哄我入睡後上了賭場。駕駛台上有架網路
攝影機，全天候不間斷地提供航行景象（天黑時例外）；我們的
客艙內有台電視頻道 24 小時播放古典樂；我正把它開著。我在上
下擺動的水平線正上方，在烏雲遍布的天際下，看見一道藍光。

May 7, 5月7日（續）
continued

我應該有辦法應付暈船才對！因為我血液裡有海洋的基因！DNA裡至少有一些「五月花號」上威廉・布拉德福（William Bradford）[8] 的因子！那些清教徒可沒這麼豪奢地遠渡重洋：沒防暈手環；沒羽絨蓋被；赤腳不能踩在柔軟無聲的地毯布上；沒有客房服務；八成也沒人演奏小提琴；沒有海圖室（只有名副其實、真正用來畫海圖的房間）；沒有浴室；整趟旅程耗時兩個多月，等他們終於抵達鱈魚角海灣，既沒張燈結彩歡迎他們到來的馬車，也沒停站購物行程。他們只能耐著酷寒的十一月下船進入樹林，稱那裡為「家園」。

我大概沒這種勇氣收拾所有行囊，告別所有的親友，搭上一百英呎、吱嘎作響又會漏水的木船，前往一個未知的世界。因此，我以茶代酒，遙敬我們來自世界各地、英勇無畏的祖先，他們站在甲板上，看著自己熟悉且熱愛的一切愈變愈小，最終消失眼前。我無法想像這些先人承受多嚴重的暈船、又經歷多少的苦難！兩個月耶！

沒有什麼比大海
更千遍一律了；再也不覺得
海盜如此兇殘有啥奇怪了。
——詹姆士・羅素・洛威爾（James Russell Lowell）[9]

T ISN'T EASY BEING GREEN.
Going back to bed ...
以原始的方式生活並不容易。
回床上去躺了……

MAL de MER 暈船

心，決定我們的命運。
——♥ 伊莎貝·阿言德 [10]

MAYFLOWER
五月花號

當水手的藝術在於，凡事絕不碰運氣。
——♥ 安妮·范德維爾（Annie Van De Wiele）[11]

切記莫忘，
在天昏地暗前
永遠是最黑暗的。
暈船很教人難受……

⚬ ⚬ ⚬ ⚬ ⚬ ⚬ ·

盡量能避就避……
幾個小撇步……

1. 只有某些人特別容易暈船，不是每個人都上船必暈。別讓恐懼阻止你的遊興。
   船在碼頭停靠時很安全沒錯，但這不是造船的目的。♥ Grace Hopper 葛麗絲·霍普 [12]

2. 提早設想應對方案。一旦覺得反胃就來不及了。很令人悲傷卻是事實。

3. 暈船的好處：你會昏昏欲睡。那就上床睡吧。

4. 呼吸新鮮空氣：做幾次深呼吸的動作，從鼻孔吸氣，再由嘴巴吐氣。別去看
   起伏不定的水平線！

5. 我愛 ♥ 按摩防暈手環。手環上有內建的按鈕，壓在手腕的穴道上紓緩作嘔
   的感覺。登船前就先戴上。
                  聰 明 人 一 點 就 通

6. 生薑能止暈；吃薑餅和薑糖；喝薑汁啤酒。

我好多了！離開我們位於十一樓的艙房，到樓下（三樓船中央）更穩的海圖室等著吃午餐。外頭有道美麗的彩虹！剛響起午間汽笛，接著是木琴聲：兵一兵一咚：「船長報告；我們剛才經過前往南安普頓的中點線！天氣轉晴：航行順暢。」

這次的的廣播對我而言，猶如悅耳的音樂！

喬點了皮姆之杯 ★，我則點了個服務生推薦的新玩意兒：冰啤梨氣泡酒。據他所說，它嚐起來像是「更淡、更甜的啤酒」。他說得對，好喝極了！不會過甜，口感清爽，就像瓊漿玉液的香檳（我知道，這對「香檳」大不敬，對吧？），它絕對是我的新歡：喬也對它頗有好評。這就把它記下來：「邁格士的梨酒」（Magner's Pear Cider）13......名字可別忘了。:) 愛爾蘭的品牌。

皮姆之杯 ★

A

不騙你，只要敢追，夢想就會成真......

海上的氣候千變萬化；天空、雲朵與色彩，宛若縮時攝影的影片轉瞬而過。

在這裡就像登上百老匯的一齣劇。我們得到最棒的角色，演的是「乘客」！我們的任務是晚上打扮得光鮮亮麗、翩然起舞、大快朵頤、睡眠飽足、盡情享受。其他人是主廚（戴上大廚帽的戲服）、美髮師和按摩師（她們穿上護士服，佩戴更多專業的道具）、演藝人員（雙責任制，等於要演戲中戲）。還有綁金髮辮、穿白色制服的「高階船員」；最厲害的要演「領袖」，也就是「船長」。

根據節目單，我飾演的角色是「暈船的乘客」，以精湛的演技一舉拿下東尼獎[14]（評審一致認為「演出逼真」）。☺ 這艘璀璨絢麗的郵輪是我們的場景，有百變的戲服供乘客更換。我期待隨時會看見弗雷‧亞斯坦頭戴大禮帽、身穿燕尾服，舞進戲中。

稍後……用完晚餐後即是就寢時間……

我一定練出不暈船的本領了！午餐很美味～ 我睡了個午覺、為這本日誌畫了幾幅素描，下午又去剪了個頭髮。

吃過晚餐後，我們中途造訪皇后廳，伴著如假包換的管弦樂團演奏，跳了一小段舞。黑白電影裡的往日情懷就這麼躍於眼前。

現在……該就寢了。還能說什麼呢？船上真是生氣蓬勃啊！

This is a fine romance
這是一齣愛的羅曼史

外頭風光明媚

Gorgeous Outside

這才像樣嘛！

我在散步甲板上繞著船身走了九圈（3.3英哩），頭頂是懸掛著的救生艇（對了，一共有22個）。在船上朝同一方向走，感覺像是站在機場旅客傳送帶似的。健步如飛！大口呼進帶海鹽味的空氣，欣賞波光粼粼的大海、晴朗的藍天，和飄流的浮雲。

有個女孩在船尾冥想，她兩腳抬高、闔上雙眼、面向陽光；我也依樣畫葫蘆。我們的身後是一道寬寬的起泡湍流；泳池的水與遠洋郵輪同步晃蕩，涼爽的輕風徐拂。

5月8日
星期二（續）

B我回到客艙；喬已經醒了；通往露台甲板的門
是開著的。室外傳來
唰唰的聲音；床上鋪著被風吹皺的英
國地圖。

　　我收到英國友人瑞秋跟席芳的電
子郵件：等我們安頓好，她們就會來造
訪；我們也會在她們各自的家待上幾天。

客艙甲板外的風景

U喬剛剛把每日節目表扔給我；
「今天妳想幹嘛？」他問道。
（我想在室外讀書！）

讀書兼看海

　　「他們有堂課，叫『大西洋是如
何形成的』，」他興致高昂地說。（他
大概得獨自上那堂課了。）幸好船上
提供許多其他選擇：「馬丁尼調酒
學」、蘋果電腦 iMovie 教學，還有教
人怎麼打撲克牌、怎麼跳交際舞、怎
麼繫圍巾，以及「老闆娘的角落編織
課」、蔬果雕刻教學示範，本日播放

...... 像今天這樣的一天 ......

的電影是《大藝術家》（The Artist）。只是我想，最後我們還
是會順其自然：帶著書走到某個角落，眺望大海，為眼前永無止
盡的風景著迷，無法自拔，直到干睡時間！

5 月 8 日星期二，上午 8:30（續）

好愛我正在讀的這本《伊莉莎白和她的德國花園》
（*Elizabeth and Her German Garden*）[15] 。這是伊莉莎
白·馮亞寧寫的半自傳小說（她是生於澳洲，在英國長大的
作家）。儘管你們在這本日誌讀到我參與了許多活動，但其
實多數時候，我都是與她一同在她美妙的花園，在玫瑰花叢
與蜜蜂間品茗。

她稱她跋扈專橫的先生為「易怒男」，每次寫到他，我
都笑翻了。古靈精怪、迷人風趣；她就是這麼慧黠。此書在
1898 年出版，時至 2012 年仍廣受歡迎！這是她初試啼聲的處
女作呢！我逼自己慢慢細讀，不想馬上讀完。

好……那先掰囉……

Later 稍晚，5 月 8 日星期二，晚間十一點。把時間快轉（我
們幾乎每晚都這麼做，好趕上英國時間），沒想到一下子就
來到午夜！

美好的一天，坐在船尾室外；參加午（舞）茶時光
（每天下午四點開始），那裡有管弦樂隊現場表演（演
奏大樂隊爵士樂），英式午茶派對的美食也一樣不少：雞蛋
沙拉配黃瓜和西洋菜三明治、檸檬百里香司康餅、維多利亞
海綿蛋糕、奶油泡芙、薰衣草餅乾。還有真正專業的交際舞
舞者，和我們這種普通人一同在舞池跳舞；跟他們一樣挺直

打開這本小手冊，可以看見鉅細靡遺的郵輪地圖；我們就是這樣找路的！

腰桿、手肘抬得高高的，把頭一甩。

我們與一對可愛的年輕情侶同座，他們二十六歲，來自蘇格蘭；「柯林」是警察，「費歐娜」則在因弗尼斯（Inverness）[16]的水利處工作。

他們的口音實在太可愛了！聽聽在其他國家的生活，頗有意思；以後一定要找時間造訪因弗尼斯，聽起來那裡是個美好的地方。

後來，我們回到艙房換裝出席晚宴；雖然海面風平浪靜，但我還是調整一下我的戰艦──那從不離手的，灰色輕薄但時尚零分的彈性防暈手環，與先生去艦長俱樂部享用冰啤梨氣泡酒。然後到皇后廳參加船長晚宴。

親愛的老公，整裝準備出席船長晚宴。

我靈光乍現，應該有人發明用小碎鑽點綴防暈手環嘛。黑色搭小圓亮片；銀色跟金色；璀璨奪目的大顆寶石。至於就寢時間，比方說現在，可以改戴法蘭絨材質的。晚安～

派提 PETEY

M我猜，多數人對大海都有點戒慎恐懼。無論它有多麼笑容可掬，卻總教人免不了懷疑它的友誼。

♥ 湯姆林森（H.M. Tomlinson）[17]

今早黎明到來前攝於我們的客艙露台；謙遜且深刻之美。

May 9 Wednesday 7 AM
5月9日星期三，上午7點。

○ 外頭是？一望無際。波瀾壯闊。陰冷的海水味；我與這片令人震懾又啟發人心的浩瀚汪洋，中間只隔了一陣疾風！

I 裡面是？繭居生活：愜意、寧靜、編織、電視播著 BBC；淋了楓糖漿的煎餅；英式培根。真幸福。去做運動了。

稍晚，
下午3點

I 海圖室：喬在看書，我在補日誌的進度。到金獅酒館吃午餐，那裡是瑪麗皇后2號版本的英式酒館；我們一邊看人們射

May 9, 5月9日
cont. （續）

　　飛鏢，一邊吃炸魚薯條（喬點的）和農舍派（我點
　　的），配著啤梨氣泡酒，也不忘填入境資料。

W　　用完干餐後，我們在船上閒逛；至總務櫃台把美金換成英鎊。
又發現位於 3 樓甲板的天文館有節目剛上演。

　　圓頂的大禮堂，可以往後靠的舒適座椅，我一面仰躺，一面心
想：「嗯一哦，這實在太享受了；啤梨氣泡酒、干餐、海風、輕搖
慢晃的船 ＝ 藥效強勁的安眠藥——節目我看得了多少呢？反正，」
我往座椅深處擠：「喬會喜歡的。但願我不會打呼就好。」

T　　禮堂宛若日落西山，漸暗轉粉；接著「空中」開始出現光
點，最後暗如無月的黑夜，百萬繁星點綴其中。

5月9日（續）

我們在現實生活中很少見到
了，像是小時候我跟家人到高西也
拉（the High Sierras）露營那樣。一
個迪士尼風格的低沉嗓音，開始向我們解
釋眼前展露的是什麼，天體、銀河、星系；連接點點星宿。
嗓音輕柔，星空移轉，我也逐漸沉入夢鄉……

接著，突然之間，我們的頭頂，就連雙眸的眼角餘光
都盈滿了的，竟是一顆巨大的、旋轉的、發光的
紅色火星！我嗚咽了一聲，縮回椅子上。那究竟
是打哪兒來的？說時遲那時快，超大尺寸的星球一顆接著一顆
飛至眼前，令人嘆為觀止……。

　　每顆行星懸在夜空幾秒，便迅速抽離，進入太空，離得遠
遠的，直到最後，一個接著一個消逝在繁星中，徒留我和我那
顆悸動不已的心。♥

耶！
YIKES!
哇！
WOW!
噓
SHHHH

我們得到一個更
開闊的視野，在
視覺上抽離了人類的太陽
系，所有的行星都繞著太
陽運行，一如我們經常看

到的那樣。我們的太陽和其他星球相比也不算大……而是「中等尺寸」，但已比地球大上一百萬倍了。

A我們愈離愈遠，太陽系也愈縮愈小；行星變得有如滄海一粟，肉眼再也看不見了；太陽的光芒淡褪，只成了一個點，混在億萬顆星宿中，最後完全找不著了！至於我們藍綠色的可愛小地球（和上面那艘微乎其微的遠洋郵輪）？當然也不見了……，消失在廣袤無垠的宇宙中。

F劇場保持黑暗好一會兒，我們繼續在群星繚繞下靜靜漂流；接著，燈慢慢亮起，是時候離場了。「*我們是宇宙間的作秀達人。*」我對喬咕噥道。

T今早我赤腳站在露台，斜倚欄杆，在狂風勁吹下，分不清海天之隔；我在思索的是，郵輪有多大，大海又有多麼浩瀚，船在海上搖晃欲墜地有多美、多孤寂。我們，生於地球是怎樣的一份禮物，卻又多常將它視為理所當然。想起生命有多脆弱、多懸擺無常，不失為一件好事。倘若你覺得自己需要被鞭策，航海旅程中的天文館肯定是個好地方！

ExCUSE ME WHILE I KiSS THE SKY.

我親吻天空的時候，請恕我失陪。

'New Rules

新規定

1. 凡事別看得太重。

2. 多找點樂子。

3. 要勇敢。

4. 隨心所至：去新的地方，

   說不定有意想不到的美好降臨。

Take deep breaths of marvelous Earth atmosphere.

深吸幾口美好的地球大氣

5. 多賞日出、多觀日落；對明月許願。

6. 別抱怨天氣。

7. 細數你的幸運星。

8. 心也要美麗滿點。

9. 多參加野餐。

蕁麻葉
風鈴草

10. 多摘點野花（記花兒的名字！）

11. 花點時間什麼也不做，來放慢時間的腳步。

12. 一如英國詩人魯伯特・布魯克（Rupert Brooke）建議：

FLING SELF ON WINDY HILL, LAUGH IN SUN, KISS LOVELY GRASS

奔向刮著風的山丘，在陽光下開懷而笑，
親吻可愛的青草

BEATRIX

畢翠克絲[18]

稍晚
5月9日，星期三（續）下午4點，返回蝸居……

客房服務剛送來一大杯熱可可給我；我窩在沙發上，裹著綠色披巾，打開電視，發現正在播《波特小姐：彼得兔的誕生》（Miss Potter）✽！我愛死這部電影了！不敢相信這裡居然看得到！畢翠克絲與諾曼・沃恩（Norman Warne）[19] 共舞時，他唱著「當你教我跳舞的時候」[20]？等彼得兔活過來？她開始作畫，畫筆在水彩顏料打旋的樣子？宛若天堂！

我太興奮了，這次要去湖區丘頂（Hill Top），去畢翠克絲・波特喜愛（與離開）的農莊。農莊在她死後對公眾開放，如今仍然保留1943年她辭世那天的原貌！我想一窺祕境好久了，卻又有點膽怯不敢行動，畢竟我可能要放棄編織的浪漫幻想，迎接天曉得是怎樣的現實。但我們是去定了！不見廬山真面目，我的人生就會停滯不前～
（一定要遵守第3項規則）！

我有的女性朋友去過那裡了，但只要她們聊起那裡的人事物，我一律不聽！我閉上眼，以手掩耳，嘴裡唱著啦啦啦啦啦、啦啦啦啦啦，直到她們講完為止。

我拍的電視畫面……

　　我不願知道。也不刻意上網搜尋她。我希望第一次只

跟喬兩人一同親眼見證。不想滿懷期待或在被灌輸別人的看

法後，落得大失所望。我這是力求保險、慎重起見。

　　我20多歲的時候，愛上英國貝斯威克（Beswick）出

品的畢翠克絲‧波特角色小雕像，存錢買它們回家收藏。我住過的每

間廚房，架上都有過它們的身影。

　　後來，我讀了她的生平，發現她大器晚成，跟我一樣；她相信世

上有小妖精，我也是；她的人生在接近四十大關時有了徹底的改變，

也跟我一樣！她曾經歷心碎，我也是；她遠離家鄉，展開新生，買下

一棟小屋，在她鍾愛的英國鄉間對居家生活如痴如醉，我何嘗不是。

書永遠改變了我們的生命。我的，跟她的。我們就是那樣的女子！

　　　如今，我終於得償宿願，可以造訪她的故居了！

　　我好希望能找到她的靈魂，生氣蓬勃地住在丘頂；她在我

出生的四年前過世，所以，我在心裡偷偷地相信，她的靈魂好端端地

住在我的身體！不要告訴任何人我說過這句話喲。

5月9日星期三（續）繭居……

A 畢翠克絲曾寫過，她把自己視為玲・奧斯汀筆下的女主角，所以，她或許聽過我最愛的玲・奧斯汀名言：

O 倘若冒險不在年輕女子的村莊降臨，那她勢必得到異地尋覓。 ♥

RULE number 13: Thou Shalt SEEK ✓

第 13 項規定：勇於尋覓。

A 你猜怎麼著？這回我們也要拜訪玲・奧斯汀的故居呢！

S 這是一趟朝聖之旅。♥

D 今天的寫作量夠嗎？哦，應該差不多了。要去讀伊莉莎白的那本書了。

霧角正響，稍後晚餐，然後就寢。

T 明天是整天待在海上的最後一天。～～～

我們會在星期五早上抵達英國！

LIFE IS GOOD!
生命真美好！
Goodnight xoxo for now
先晚安囉

我得畫一下畢翠克絲跟她的寵物兔——風笛手彼得。♡

73

May 10, Thursday 10 AM
News from the Cruise 遊艇快報

5月10日，星期四，上午10點

(⌣ 我知道 ⌣ 這不是遊艇啦！)

最後一天，天剛破曉，順風而行，霧海朦朧。

漫步許久，拍照留念。

開始把藏起來的行李箱一一拖出來；必須在午夜前全都整理

好，堆在門外的走道上。明早6點就要在南安普敦靠岸了！喬

把每晚我們在枕頭底下發現的冠達巧克力，和每早放在早餐托盤的

小果醬瓶，  全都堆起來，

一塊塊、 ⎯⎯ 一瓶瓶全都堆

起來！我整理美術用品、編織的

織物、書、地圖、護照、電腦用

品和旗幟，當然也不會忘了水手

玩偶派提。

BON VOYAGE
旅途愉快

請容我記下伊莉莎白書
上的一段短文，實在太
可愛了。別忘了，這是部
寫於1898年的半自傳小說，那個
年代的女性什麼權力也沒有。但
作者伊莉莎白·馮亞寧是個很有

想法的女性，她運用小說來擁護她的「現代」觀點。

A 總之，讓我告訴你這段短文的背景：伊莉白跟她前來造訪的女性朋友伊萊絲，在伊莉莎白擁有那座美好花園的家中。與伊莉莎白結交最久的友人寫信來，問她在念藝術的女兒米諾拉（與伊莉莎白未曾謀面）能否前來造訪。這名妙齡女子的狂野，在她騎單車 **BICYCLE!** 進場時讓人一覽無遺！真的不騙妳！

H 我很愛以下這段短文——這裡的「我」是伊莉莎白，她迎接米諾拉的到來，然後奔至朋友伊萊絲的房間：

M 「親愛的，」米諾拉好端端地在她的客房，我奔向伊萊絲的房間，上氣不接下氣地對她說：「妳覺得她怎樣——她居然寫書哎！」

「什麼——那個騎單車來的女孩？」

「對，——米諾拉——妳想像得到嗎？」

我們呆站著，驚恐地面面相覷。

「真糟糕啊。」伊萊絲咕噥道。

O 我知道，鋪陳了這麼久才說了短短這幾句話，但這段小小交流卻教我過目不忘。真有 1898 年的情懷！但話說回來，看看真正的伊莉莎白有多勇敢，什麼都攔不了她，即使面對周遭驚愕的 **C** 臉龐，她也無所退卻。

C 我不禁會心一笑——剛出發前，我才收到摯友黛安娜（住在加州的那位）寄來的一封電子郵件；她七歲大的孫

★女打來告知（以下我一字不動地引述她的話）：「我要跟朋友合寫一本書，所以要找出版社。」時代已不可同日而語了！

S 清楚自己在生命裡要的是什麼，簡言之，這就夠了。
♡ *Dawn Powell* 朵恩·鮑威爾[21]

Later, 稍晚，5月10日，星期四，中午
在艦長俱樂部；選購瑪麗皇后2號的紀念品；在免稅店光顧，買了瓶香奈兒 No5；去總務櫃台寄明信片，現在我們要準備吃午餐了。

啤梨氣泡酒

H 我說過這裡的食物有多棒嗎？昨天的晚餐，喬點了烤蒜頭配溶化的起司醬，好吃到令人齒頰留香；我們大概猜出箇中秒辛了。我在這頁留了點空間↑；做得成功，就把食譜放在這兒；如果失敗，就放更多照片！先掰掰囉……

ROASTED SHALLOTS

sooo Gooood !

烤蒜頭一級棒！

N 這次嘗試的食譜是兩人份，不過把食材加兩倍或三倍都很容易。
1/2 杯陳年葡萄醋
1/4 茶匙糖
6 顆剝了皮、切成半的蒜頭
1/2 茶匙橄欖油
撒一點鹽
1 到 2 茶匙奶油乳酪
1 茶匙斯蒂爾頓乾酪
1 茶匙白麵包屑

P 將烤箱預熱至約204℃。把醋跟糖加熱；熬煮成糖漿；要看好才不會燒起來；然後把它擱到一邊。

I 在砂鍋裡倒入蒜頭、橄欖油跟鹽。不加蓋烤40分鐘。

C 加入奶油乳酪，均勻地塗在蒜頭上；撒上麵包屑；烤2-3分鐘，等乳酪轉為金黃色。淋上一點濃縮葡萄醋就能上桌囉。佐以羊排和地瓜甚是美味！

好吃
★★★ YUM ★★★

Later 稍晚，5月10日星期四．下午3點．艙居

I 剛才行李打包到一半，我步上露台看海，突然有隻白色的大海鷗咻地一聲飛來，與我兩眼齊高，這是我六天來見到的第一隻鳥。牠撲動雙翼，與郵輪同速；只有我和牠在微風中翱翔。要靠近陸地了！目前在愛爾蘭下面，所以牠一定是從愛爾蘭來的海鷗！

Later 稍晚，晚餐過後

E 今晚每個人都在道別GOODBYE、互換地址、合影留念。乘客聚在通往大廳的兩條螺旋梯的上方或下方——齊歡唱……經典老歌……

♫ It's a long way to Tipperary...♪

去蒂伯雷利的漫漫長路 [22]……

我想不到還有什麼旅程比這更羅曼蒂克的了。

77

LAND HO!
登陸啦！

THE LOOKOUT

M N 5月11日，星期五，上午9點半

我們到囉！正等著上岸——可以從餐廳窗戶眺望英國（我們正在窗畔）。

N 真是風和日麗的一天！

我們把身子裹得暖暖的，在黎明前步上甲板，看著晨光順著懷特島的岸濱點點亮起。拂曉映著遠方教堂的尖塔；是郵輪滑進航道的完美背景。

一切靜得出奇，只聞海鷗的叫聲、拖船的噗噗聲。

汽笛長長的鳴響三聲；大船駛入船塢，甲板水手往岸邊拋繩，周圍的一小撮人群響起欣喜的掌聲；我們到了！

N 現在，我們坐著等服務生叫號碼，然後再找行李，到租車公司。

稍晚, *Later* 7pm

今天累得人仰馬翻!不過,我們還是落腳了。我瞧瞧喲,對……大概十點左右下船。不用經過海關手續、事先填好入境資料,所以暢行無阻。

郵輪公司張貼海報,幫助我們尋找行李。喬先前訂好的計程車正等著我們呢(要透過計程車司機的視角親眼目睹,才會知道12袋行李有多驚人)。

他非常迷人(且寬容)地把東西全都搬上車,把我們載到租車公司;我們在那裡花了一個鐘頭填表,最後租了一輛安全堅固、坦克一般、可以塞進大大小小一切的富豪旅行車。接著,我們坐上車,又花了半小時準備,調整座椅,找哪裡是收音機/CD、哪裡又是空調;我把車上弄得舒適宜人,在車門儲物夾塞了編織物、日記、伊莉莎白的書、相機、應急巧克力、派提,而喬則在學著使用GPS導航系統。我們不疾不徐——努力習慣這個可怕的主意:喬馬上就要在未經排練的情況下,坐在右方的駕駛座,由我坐在左邊陪他靠左行駛,在異地一開就要三小時。好像什麼都反了、倒過來了!

喬看著我:「準備好了嗎?安全帶繫了嗎?」

「準備好了，」我用尖細的嗓音說。

有的時候該笑，有的時候不該笑。

♪ 但在這個節骨眼，你 既 該 笑 又 該 憋 住 笑。

♥ *Inspector Clouseau*
克魯索探長 [23]

S 喬慢慢地、勇敢地踩下油門。我拿濕黏的手往膝上蹭，把幸運披巾裹在身上，提醒自己如果有什麼時候，該按捺我心裡有話就直說的衝動，現在就正是時候。於是，我們上路了，前往位於肯特郡坦特登的第一個租屋處。

D 開到街的盡頭，車子開始搖晃不穩；我們在嘎吱作響的碎石地上以時速約一英哩的速度轉彎，拐過彎後，也沒有多餘的時間思考了，因為車子從四面八方向我們湧來。喬踩緊油門，車

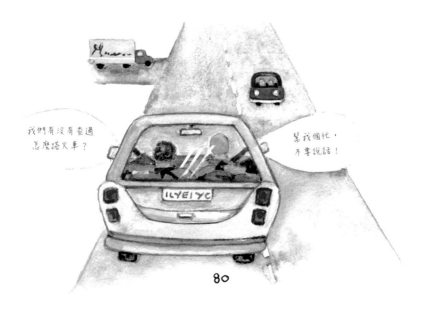

我們有沒有查過
怎麼搭火車？

幫我個忙，
不要說話！

ILYEIYC

子便往前衝；我閉上眼，這輛車也跟著周圍迅速逼近、風馳電掣的汽車合為一體。我們上了 "M" 路，也就是 "Motorway"，相當於美國的高速公路。根據GPS那位小姐的說法，上這條高速公路，就能離開南安普頓，前往我們的目的地。

我正準備聽點音樂，喬就說：「哦，拜託不要開收音機。」

「對。不要。聽什麼音樂嘛！」

我到底在想什麼啊。也太快放鬆了。

周遭的車速令我們自嘆弗如，尤其是到了好像每幾百碼就會經過一次的環形交叉路口，而且常常不是三線道，就是四線道，車子就這麼穿過來、插過去（從我們習慣的左駕看來，這些是逆向行駛）；有時環形交叉口的正中央會有個尖頭圓點；照理說你該知道要繞過去才對。每次轉彎就像遊樂園裡的蟾蜍先生瘋狂大冒險橫衝直撞，害我們不由自主地連連尖叫（可憐的喬，他真的不能再叫下去了）。如果碰巧走對路，我們就會緊張地笑著說：「剛才實在好險！」有點歇斯底里了。

GPS 操英國腔的女人要我們前行：

「在下個環形交叉口，走第三出口。」（三的英文 "third" 不捲舌。）

我跟喬一同高聲數：「一、二、三。」茵茵綠草和其他車輛也朦朧地擦身而過。

「開往出口，」她堅決主張。我們聽話照辦，顛簸著進了第三出口，但接下來該怎麼走卻一無所知。

5月11日，星期五，晚上7點（續）

J 喬問我：「那條彎來彎去的白線是什麼……妳知道那代表什麼嗎？」

他回頭改道。我也轉頭幫他看。

N 「這，」我說：「我不曉得哎。開過去！開過去！」

「我在開過去呀！！」

「你搞得我都駛離馬路了！」

開車上路究竟是誰的主意？

W 我們痛苦地開了一個小時左右的車，最後終於設法駛入一條在薩塞克斯唐思（Sussex Downs）境內蜿蜒、交通流量較少的小路。每個小村落和它眾多的環形交叉口、與指向四面八方的箭頭，都像是調酒器般吸引著我們的銀色旅行車，把我們導入更陌生的地區。

A 一會兒後，我們來到一個名叫佩文西（Pevensey）的小鎮，決定如果找得到餐廳，就要小歇片刻、吃頓午餐。我們看見「酒館」兩個字，和一條駕馭得了的私人車道。
（我：「轉彎！轉彎！」他：「我在轉啦！」）
這是我們唯一需要的建議。我們把車停在長了野生金鳳花的長草堤旁，一度坐在車上兩兩相望，感激此刻的沉默，感激還活著，也為不是由我駕駛而慶幸。

「我的老天啊，」我說：「我真以你為榮。」

「不曉得餐廳有沒有賣啤梨氣泡酒？」喬邊說邊下車，跪著親吻土地。

這家皇家橡樹酒館顯然有意成為街坊中的「第二個家」。

巨大的壁爐旁有架管風琴，從地板蔓延到天花板的壁櫃堆著平裝本的書、電動，跟桌遊，還有電視、可以眺望草坪和庭園的陽台、舒適的扶手椅、很多的木桌木椅、一間鋪滿粉紅色磁磚的、四四方方的大浴室，還有，當喬問起，服務生（操英國腔）答道：

「哦，有，啤梨氣泡酒，我們有。」

他們有。他端來啤梨氣泡酒、炸魚薯條、配自製的塔塔醬，什麼都能拿來沾，真是美味！

「這裡，」匹克威克先生（Mr. Dick Wick）[24]環顧四周說：「這裡確實恬適愜意。」

Charles Dickens

——查爾斯・狄更斯

Of all delectable islands the Neverland is the snuggest & most compact... not large & sprawling, you know, with tedious distances between one adventure & another, but nicely crammed.

J. M. Barrie

在所有宜人的島嶼當中，夢幻島是最舒適、最小巧的……並不遼闊蔓生，每個冒險之間也沒隔著漫長的距離，而是塞得滿滿的。

J.M. 巴利

艾爾斯伯里 Aylesbury
倫敦 LONDON
SURREY 薩里
肯特 Kent "THE GARDEN OF ENGLAND" 「英國的花園」
Sussex 薩塞克斯

大約 60 英哩
APPROX. 60 MI.

這趟旅行造訪的地點：1-8
上回去過的好地方：9-12

1. 坦特登
2. 西平赫斯特
3. 巴特曼斯
4. 查爾斯頓
5. 奧爾弗里斯頓
6. 希佛
7. 斯莫海斯
8. 諾爾

9. 大迪克斯特
10. 斯科特尼
11. 謝菲爾德公園
12. 查特威爾

84

TENTERDEN
Kent

坦特登

肯特，人口約8,000

W 我們在下午四點左右，把車徐徐開進坦特登的古老市集城鎮。接下來的兩個星期，我們都會在這個村落度過。我們在大街（也就是「主街」）的一家餐廳樓上租了間公寓⭐，這條林蔭大道也是建築古色古香的購物街，街上盡是古董店、酒館、茶館、精品店、肉販商、鞋店，還有一家洛拉・艾許莉（Laura Ashley）！

R 鎮中心有座中世紀的老教堂↑，我們可以從租屋處的後院望見它，也總能聽見陣陣鐘聲——只要在英國，走到哪裡，八成都會伴著迴蕩的鐘響。

W 我們先去採買日用品再跟房東太太碰頭拿鑰匙，接著到租屋處，把一切安頓妥當。公寓有附廚房，烤箱裡正在烤雞和馬鈴薯，聞起來幾乎有家的味道！好了，今天真夠累了，明天再多說點囉！

Good Morning!
saturday
May 12 · 10am
5月12日·星期六·上午10點

陽台外的風景

今早我一發現整個人沒有隨波逐流,便猛然睜開眼～我們到英國了!我奔向大門,把頭探出門外——濕濕冷冷的,聞起來像是生芹菜!還有春天的氣息!我做了晨間運動,在陌生的廚房泡茶,端點茶到樓上給喬提神醒腦,開始打開行李,想辦法讓一切井井有條。★昨晚喬搞懂該怎麼使用3C產品了;他插上我們帶來的變壓器跟轉接頭,所以現在又能用電腦了!

喬負責炒蛋,我則忙著把顏料跟美術用品擺在起居室(我們稱作「客廳」)的餐桌上,起居室的彼端是落地雙扇玻璃門,可以俯瞰大街。

電視上在播BBC(我按遍搖控器上的按鈕,直到它有反應,才找到的電視台)。BBC氣象預報說戶外氣溫是12℃;順帶一提,樓上的磅秤顯示,我的體重有9英石!(英石!攝氏!我需要找翻譯!)

教堂鐘聲
餘音繞梁
今早我打電話給席芳和瑞秋兩人,跟她們說我們到了～

小瑞明天下午會開車過來，在這裡待到星期二早上；席芳則是星期二晚上來訪。哦！席芳說 1 英石相當於 14 磅。（不可能呀，畢竟我遠渡重洋 / 大啖山珍海味！9 英石耶！14×9=126！不會吧，不過我可以接受！）

◯ 我在電話上跟瑞秋聊起窗外咕咕叫個不停的鴿子。

她說：「哦，對啊，那些是斑鳩；牠們無所不在。我媽說牠們的叫聲像是在說：『我的腳趾頭傷了貝蒂。』」

（小瑞操著一口英國腔說，特別強調腳趾頭：「我的腳趾頭傷了貝蒂。」）

「妳唸唸看，」她繼續說：「用吟誦般、茱莉亞·柴爾德（Julia-Child）的高音唸，就會知道我說的是真的！」

「我的腳趾頭傷了貝蒂，」我伴隨著鴿子叫，用柔情的假音唸。果真不假耶！

MY TOE HUTS BET-TEE!......
我的腳趾頭傷了貝蒂！

CELSIUS and FAHRENHEIT
攝氏與華氏

我問了部落格上的女性友人，她們說如果要把攝氏換算成華氏，得將攝氏乘以 2，再加 30，這麼一來，現在就是華氏 54 度了！（有部落格真方便，我的女孩兒們真聰明！如果妳們讀到這裡，就會知道我在說誰了！比 Google 還厲害！）♥

Ｗ 現在我們要出門囉，去探索小鎮……

May 13 · Sunday · 1pm 5月13日·星期日·下干1點

和煦的陽光在雲朵間時隱時現，透進廚房窗戶的陰影也隨之移轉。我正在烤一個小蛋糕——它正在烤箱裡呢。瑞秋今天下干就要來了。

今天是母親節。我在出發前，寄了個禮盒給老媽；昨晚打電話向她，她驚訝得不得了，不敢相信自己「從世界的彼端」跟我們說話（「妳從英國打來的啊？」）；她邊打毛線邊看電視上的網球賽，同時等我姐姐和她那對雙胞胎的到來。真高興聽到她的聲音，她聽起來神采奕奕！

我們的公寓前方有一座電話亭。

今早我們外出散步——探索教堂基地、讀墓誌銘，基碑都已歪扭、陷入濕濡的長草中，我見到歷史最悠久的可溯及 1683 年。我們行經教區，穿過鐵軌，走過一條長長的小徑，越過幾座小木橋和湍急的溪流，在連綿不絕的草地上漫步。這裡仍是料峭的初春，但我們身穿毛衣加夾克。回家的路上，我們去超市買做蛋糕要用的奶油跟香草豆——現在已能聞到成果了。

我們從瑪莎葡萄園帶來了驚喜，也買了瑪麗皇后 2 號的紀念品，要給小瑞當見面禮。現在要整理一下她的房間，然後邊畫畫邊等她來。明天我們要前往西辛赫斯特！

SISSINGHURST!

BBC 氣象預報說：
「北部會下
豪大陣雨。」
幸好我們不在北部。

R 小瑞跟裔還
在睡夢中。我之所
以起個大早，是因
為今天要去全世界找最喜歡的地方之一，也是附
近一座名聞遐邇的花園，名叫：西辛赫斯特。

L 昨晚小瑞抵達後，我們一塊兒上街到酒
館吃「週日烤肉」——這是英式酒館的傳統，
每逢星期天就吃一頓聖誕晚餐：烤牛肉、約克郡
布丁、馬鈴薯泥、豌豆、和烤胡蘿蔔。然後我們回家，
一面編織，一面享用一盤盤的蛋糕和醬汁（食
譜我也會附上，超讚的！），同時也請小瑞幫
我們惡補一下英國的風土人情：哪些事物代表
什麼意義，又是怎麼運作的，例如：她最愛的
超市是哪家（韋特羅斯[2]）；路上歪來扭去的
白線是什麼意思 ★（「當心行人！」），還有
該買哪個牌子的洗衣皂。我們聊到鑽禧紀念
日，也就是伊莉莎白女王登基 60 週年的紀念
日，以及與它相關的各種慶典。太令人興奮了！

瑞秋
RACHEL

鄉間漫步

女王登基 60 週年
紀念郵票

官方慶典是六月的第一個週末，不過鎮上的樓房已到處旗海飄揚了。

小瑞剛哼著：

「我的腳趾頭傷了貝蒂」☺下樓。還是先去準備囉……待會兒見！

HOT MILK CAKE
熱牛奶蛋糕

在關公面前耍大刀，在烘培師傅前獻醜——不過她很喜歡！

親朋好友來訪時的最佳迎賓禮；樸實傳統但美味無與倫比！

Sauce: 醬汁：1 條香草豆；1/4 杯糖；2 杯高脂鮮奶油

把香草豆縱切成一半，把豆子刮進小鍋裡。倒入奶油並攪拌，開火煮沸。加糖，攪拌均勻，使其冷卻，然後冷凍。

Cake: 蛋糕：將烤箱預熱到約 177°C

1/2 杯熱牛奶
1 圓茶匙奶油
2 顆蛋
1 杯糖
1 杯麵粉（分兩半）
1 茶匙發粉
1 撮鹽
1 茶匙香草精

B把奶油刷在 8 吋的圓型／方型烤盤上。將奶油融入熱牛奶，置於一旁。在中碗裡打蛋，攪拌均勻。慢慢拌進糖，同樣攪拌均勻。和入半杯的麵粉、發粉、鹽、香草精。和入另一半的麵粉，再倒入混合的奶油熱牛奶。

P將食材倒入烤盤，烤 40-45 分鐘，直到蛋糕的邊從烤盤完整斯開、牙籤插入後拔出也乾淨不沾黏。把冷凍的醬汁倒入碟中，再切一塊蛋糕往上擺，就可以大塊朵頤了！

Later 稍晚

H 這就出發囉！我坐在後座，繫上安全帶——喬跟小瑞在 GPS 上輸入「西辛赫斯特」★——有小瑞伸出援手，就不用我出馬啦！我們備妥相機電池，也帶了雨衣以防驟雨突襲。正在播放的音樂是……薇拉 · 琳恩[3] 的……

Well meet again, don't know where, don't know when...♪

後會有期，不知何地，不知何時[4]……

Later 7:45pm 稍晚

B 在我告訴你今天有多美好之前，且聽我娓娓道來西辛赫斯特的歷史背景。

SISSINGHURST.

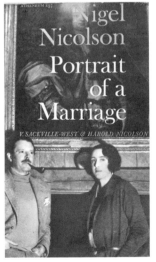

T 西辛赫斯特的花園，是種下我心中「嚮往英國」的第一顆種子。這全要拜我 24 歲那年讀的一本書《婚姻的肖像》（*Portrait of a Marriage*）[5] 所賜。作者是奈格爾 · 尼克森（Nigel Nicholson）。他出身貴族世家，母親是薇塔 · 塞克維爾－韋斯特（Vita Sackville-West）[6]，父親是哈洛德 · 尼克森爵士（Sir Harold Nicholson）。1930 年，薇塔和哈洛

德買下一棟建於 15 世紀，名為西辛赫斯特的古宅廢墟，在宅邸周圍建造美麗的花園。

《婚姻的肖像》一書中，章節除了穿插薇塔的日誌，尼克森也以兒子的視角撰寫父母特立獨行的伴侶關係，編織出一段扣人心弦的故事。

IT TAKES COURAGE TO GROW UP AND BECOME WHO YOU REALLY ARE. ee cummings

成長並認清自我，是需要勇氣的。
—— e.e. 康明斯 ？

薇塔熱愛鄉村生活：花草、狗兒、寫作、藝術、園藝、旅行，不過，此書只有兩件事最能引起我共鳴，並為我少不更事、孤陋寡聞的心（最起碼可以這麼說）開了好幾扇門；想當年，我的心智宛如一間旅館，縱使擁有許多小房間，但裡面鮮少家具，只有幾樣小擺設。

第一件事，雖然我真的很不願承認，但我以為每個人都跟在美國加州瑞西達克萊爾大道 13925 號長大的我，過著大同小異的生活。我以為每個人都有同樣的信仰、追求同樣的事物、讀同樣的書、覺得同樣的事物好笑。人嘛，不就是長大，結婚生子，從此過著幸福快樂的日子？這就是人生。不信你去問奧茲和海麗葉、茱恩和華德・克里弗、波麗安娜的姨媽、或康尼翰一家人。我父母是這樣過日子的，所以好像我的生活、每個人的生活，都是這樣過的。

雖然這對夫妻的生活方式，我前所未聞也想像不到，但人家畢竟也過得很好！

T他們的日子（以一種「文明」、高尚風雅、英國名門貴族的方式）過得愜意，成就斐然（她是作家，他任公職），結交有趣的朋友（例如維吉尼亞·吳爾芙），育有兩子，打造了他們心目中快樂的生活。

S這是我第一次領悟到：哇！原來不只一條路可以通往幸福！我喜歡。也認為他們勇氣可嘉。我雖然不想成為他們，卻欣賞他們勇敢做自己的態度。這在我心中開啟了一個無限可能的世界，原來每件事都比我想像的偉大得多。

GARDEN
花園
她　　他

A第二件引起我共鳴的，是他們羅曼蒂克的花園。

T有一種熱忱，薇塔和哈洛德看得比自己重，比他們的婚姻還重，那就是他們的花園。無論這對夫妻一生做了什麼，他們留給後代人的是純然的魔法。自從讀了這本書，我就朝思暮想要造訪西辛赫斯特。

B可是當時我年僅二十四歲，在大器晚成的路

上跌跌撞撞，還有好長的路要走。首先，我得搬到島上，跟裔相遇相戀，勇於作夢，再尋得勇氣讓美夢成真。

Finally!
終於得償宿願

2004 年，一個涼爽潮濕的五月早晨，我們開車開了好長一段路到西辛赫斯特，初次造訪兩位名人的故居，沉醉在哈洛德跟薇塔的創意和心力中。

我眼中噙淚，穿過長草間刈過的步道，通往野生庭園，途中聽見鳥兒啁啾，聞到在老蘋果樹上錦簇綻放的紅粉花香。這全都是真的。短短的路程，讓我穿越歷史。

1300 年代，我的血親愛德華一世（但我們在這個大家庭莫名失聯）曾在西辛赫斯特過夜。1573 年，伊莉莎白一世（亨利八世之女）也曾在此留宿三晚。

有夢最美
如果沒有夢想
又怎能讓美夢成真？

H A P P Y   T A L K 歡聲笑語

94

今日，有百萬名來自世界各地的遊客親見西辛赫斯特的廬山真面目，而我們只是其中的三位。1937 年起，薇塔開始收 1 先令作為入園費，庭園也就此有了訪客。這次造訪，花園就跟我們初次見到一樣動人；不過這次我們多了瑞秋作伴！

花園隔成一間間不同的花香「室」，以拱門、爬滿鐵線蓮的磚牆，和修剪整齊的高大樹籬作隔間。穿過一扇門或樹籬的開口，便能「大開眼界」，看見護城河步道、玫瑰園、（春季花朵爭妍鬥豔的）農舍花園、白園（座落於甘菊中、教人看了心都要融化的石頭情人座）、藥草園、紫杉步道與露台。♥

塔上鳥瞰的花園隔間

我們三個爬上古堡塔，在刮著風的塔頂鳥瞰花園隔間，它們好似刻畫清晰、以植物妝點的娃娃屋房間。

鐵線蓮

薇塔的寫作室在塔中，螺旋梯拾階至中途即是；她的書畫、加框圖片，和寫字桌，一切如她離開時那般完好。
這是睡美人的城堡。
♥Vita SackvilleWest
──薇塔・塞克維爾-韋斯特

救命啊！我要融化了……

5月14日，星期一（續）

西辛赫斯特有園藝坊、禮品店、茶館，放眼望去，還有遼闊的草地和樹林，鳴禽飛掠而過，灌木籬牆間，羔羊星羅棋布地點綴著。

我們賞園兩次，每次都來得太早，等不到白園開花。所以，今年六月，我們搭船回家前會再回來！沒見到玫瑰捨不得走。（你也可以來，同我們一起賞花。）

百花齊放「之前」的白園

「我們是白天，是黑夜，是光明，是黑暗，是水滴，是溪流；是草地，也是雲霾。」

薇塔‧塞克維爾－韋斯特

回車上時剛好下起雨，我們循著蜿蜒的灌木籬牆開車，前往附近一家瑞秋用手機找到的酒館。（我們在「大約始於 1420 年」的招牌前煞車！）

這家酒館宛若一座迷宮，有木材和磚頭打造的舒適暗室、低矮的天花板、寬木頭地板、手工劈出的梁桁，每間

THE THREE CHIMNEYS FREE HOUSE circa 1420

房裡也都燒著柴火。牆邊擺著陳舊的書；還有不成套的桌椅和長凳，屋梁上也懸著幾串啤酒花。屋裡瀰漫著幾世紀（宜人）的柴火和食物味道。我對照寫在黑板上的菜單，點了煙燻黑線鱈和奶油韭蔥、烤馬鈴薯佐帕馬森乳酪，再與啤梨氣泡酒伴著今天的煩憂（但愁情煩事一件也沒有！），一塊兒圇圇吞下肚。

W我們這三個熱愛烹飪的好友，就這樣一邊閒聊，一邊分享冬南瓜、魚餅、甘藍菜湯、奶油韭蔥等美食，又點了大黃根脆皮派，搭配茶香悠閒地度過午後時光。

R雨水啪嗒打在窗上，木柴餘燼劈啪作響，人聲沉吟，椅子嘎吱刮過木頭地板。如此愜意、古老、充滿了鬼魂；歷史悠久又美好的鬼魂。穿著簡陋外套和沾滿爛泥靴子的薇塔與哈洛德，說不定曾坐在我們現在的位子。入座的又搞不好是薇塔跟維吉尼亞・吳爾芙。或許真有這個可能呢。

The country habit has me by the heart.

鄉間習性深植我心。
——薇塔・塞克維爾－韋斯特
（我也贊同）

N這是幸福尾聲。我們回到家了；小瑞蜷在黃椅子上讀今天在禮品店買的《自己的房間》（*A Room of One's Own*）[8]（作者是維吉尼亞・吳爾芙）。喬坐在沙發上讀一本有關樹籬的書，而我則在寫日誌。幸福的居家生活。

♥ *Good Night*

儘管從前聽過這個字，但直到來了英國，我才明白箇中的涵意。英國人把任何樹籬都稱為「灌木籬牆」（Hedgerow）；但由於英國是個歷史悠久的國家，樹籬皆混雜栽種，最早始於一千年前，起初沒有裝飾性質，純粹為了設立疆界、圍封農地和牧場。鄉間道路幾乎總是以灌木籬牆或石牆、或者兩者作為邊界。許多灌木籬牆已被列管保護，不只因為它們外觀美麗，更因為它們是蟲鳥及小動物不可或缺的棲息地。樹籬底下叫作「下層林木」（understory），那裡是各式各樣野生植物的家，比方說：吊鐘花、繡線菊、錦葵、法蘭西菊、報春花、金鳳花等等。對我而言，灌木籬牆不只是國寶，也激發美國國寶馬克・吐溫靈感，寫下這句話：

RURAL ENGLAND IS TOO BEAUTIFUL TO BE LEFT OUT of DOORS.

英國鄉村美得如詩如畫，敎人不忍割捨於門外。

May 15, Tuesday 3pm

陰雨綿綿，我在畫桌前畫雨。我們休息一天，待在家裡，繪畫、閱讀、洗衣。小瑞今早告辭，但我們相約北上前往湖區的路上，再和她與她的先生保羅相會，所以，還不是真的就此別過。♥

她今天下午得做十盤的布朗尼呢！昨晚她告訴我們，她的曾曾祖父於1866年開了他的第一家烘培坊，這麼說來，她可是第四代的烘培師傅呢！

這個有趣的小玩意懸在浴室洗手台上——有塊磁鐵埋在香皂裡，所以才能被吸著不掉！

此時此刻，我們另一位英國友人席芳正在路上，隨時可能會到。明天我們要和她一同造訪兩座宅邸，一是魯亞德·吉卜齡[9]（Rudyard Kipling）的舊宅巴特曼斯，二是查爾斯頓，席芳覺得我們會很喜歡那裡，宅邸的主人曾是維吉尼亞·吳爾芙的姐姐凡妮莎（Vanessa），雖然我壓根兒沒聽過這號人物，席芳卻為她的藝術和作風痴狂。

我們在行程中造訪的諸多宅邸，包括西辛赫斯特、畢翠克絲·波特的「丘頂」、和巴特曼斯，有個共通點，那就是都為英國一個了不起的慈善團體所有，它叫做……

The National Trust

英國古蹟信託協會

S 英國古蹟信託協會自 1895 年起開始保存露天場所,維護英格蘭、威爾斯,和北愛爾蘭境內數百個歷史古蹟,其中最悠久的可溯及西元 14 世紀;有的富麗堂皇,有的離奇古怪,有的簡陋樸實。有古堡、鄉間宅邸、農莊和農舍、風車、鴿舍、中世紀的教堂、酒館,甚至整個村落。在傳統工匠和手藝師傅的協助下,它們得以修復原貌,開放給大眾參觀。

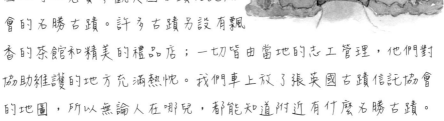

W 我們是皇家橡樹協會 (Royal Oak Society)✭的正式會員,因此可以免費參觀英國古蹟信託協會的名勝古蹟。許多古蹟另設有飄香的茶館和精美的禮品店;一切皆由當地的志工管理,他們對協助維護的地方充滿熱忱。我們車上放了張英國古蹟信託協會的地圖,所以無論人在哪兒,都能知道附近有什麼名勝古蹟。每個歷史遺跡都有太多值得我學習的地方!

E 八年前我們在西辛赫斯特的感召下初訪英國,期許為那趟旅程找個可以達成的目標,於是循著地圖上的山丘和谷地,橫越小鄉村,拜訪了二十五間宅邸、城堡及花園。這個經驗告訴我們,英國有太多比大笨鐘和白金漢宮更值得一看的地方。英國鄉間的那些建築瑰寶,讓我們有幸一窺當年在那兒生

活和工作的人們過著怎樣的日子，編織貼近人心的故事，使歷史活靈活現地躍於眼前，觸動我們的內心與想像力。

J我們初次造訪時，喬半信半疑，不確定「這麼多庭園景觀」是否會令他著迷。然而，這樣的庭園我們前所未見，而且每個園子都隨著宅邸而來，每座宅邸又擁有生命的故事，我們每天都為眼前的美麗而驚嘆。這些美麗絕不過時，喬跟我同樣激動——時至今日，他跟我仍激動不已，於是再度來訪！

God gave all men all earth
to love,
but since our hearts are
small,
ordained for each, one spot
should prove
beloved over all.

上帝給全人類所有的土地
去愛，
但人的心胸不夠
寬大，
上天注定每個地點
都該是某個人的
最愛。

魯亞德・吉卜齡

W想不想看看為這首詩帶來靈感的「最愛地點」？
好的！這就是我們下一站的目的地！

101

BATEMAN'S*

魯亞德‧吉卜齡的舊宅巴特曼斯

May 17, Thursday
2 pm
5 月 17 日,星期四,下午 2 點

I 我在市中心的一家小茶館喫茶寫日誌,喬到艾許福德(Ashford)找五金行。

櫃台上的點心……

Gorgeous
昨天風和日麗:晴空萬里,藍天白雲;兩棟宅邸,一個可愛的城鎮。席芳是星期四晚上來的;昨天我們起了個大早上路……至於第一站嘛?

Bateman's

I 在前往魯亞德‧吉卜齡位於伯沃許(Burwash)這個小村子附近的舊宅前,我對這號人物幾乎一無所知,只知道他寫過名聞遐邇的童書《叢林奇譚》(Jungle Book),他從小到大的偶像是馬克‧吐溫,他朝思

102

暮想要和這位心目中的英雄見面，後來二十四歲那
年，雖還是個文壇默默無聞的小子，他遊歷美國，
果真以一種「命中注定」的方式和對方見上一面。
馬克·吐溫在他的自傳寫下這段這段奇遇記和兩人
之後的友誼——我只知道這麼多！

Kipling 吉卜齡於 1902 年買下巴
特曼斯，後來寫道：

B我們這些交石砌的、長滿地衣的宅
邸合法屋主，看哪～門上刻的「建於
1634 年」～有梁柱、有鑲板，還有古老的橡木階梯；全都保
留原狀、貨真價實。 ♥RUDYARD KIPLING·1865·1936

T這裡就像一塊小封地、一座迷你王國，大城堡該具備的東
西，這裡應有盡有：加豎框的窗子、橡
木梁柱、布置井然的花園，但這也是一個家。
他的書房汗牛充棟，其中還包括一本破舊的
《小婦人》。他的打字機和眼鏡仍置於原處。
育兒室裡有維多莉亞時期的玩具。我居然有
幸跟他 1907 年獲頒的諾貝爾文學獎共處一
室！好興奮哪！1907 年可說是吉卜齡輝煌的
一年；他跟年長他三十歲的馬克·吐溫一同
出席典禮，獲頒牛津榮譽學位（這兩個男孩
都在青少年時期離開正規學校教育）。

THE FLOWER OF THE DAY WAS EVERYWHERE.
FORGET·ME·NOT
今日之花無所不在。勿忘我

A馬克·吐溫曾經這麼形容他景仰有加的

H吉卜齡：
他是個傑出非凡的男人；
我們加起來無所不知；
天底下的事他全都知曉，
剩下的由我一手囊括。

K 吉卜齡拿他的諾貝爾獎金設計並打造這座美麗的花園。參觀完宅邸後，我們到戶外聞聞紫藤花、鐵線蓮、吊鐘花和勿忘我的芳香：我們沿著紫杉樹籬漫步，深入玫瑰園、穿過蘋果園，這裡還有座可愛的池塘、連接小河兩岸的木橋與長滿野花的河堤、仍在運轉的麵粉廠，果樹間還有家小茶館。

K 吉卜齡有頭名叫奶油派特 的乳牛（就在那裡，我對牠一見鍾情！）。他的妻子凱莉來自美國佛蒙特州。我在禮品店找到一本關於她的書，作者是亞當・尼克森（Adam Nicholson），而他正是薇塔・塞克維爾－韋斯特的曾孫。（這裡一切都是環環相扣！）凱莉・吉卜齡卒於1939年，將宅邸和屋內的一切捐給英國古蹟信託協會（捐出去時才剛布置好）。　　凱莉，

謝謝妳。

104

英國友人席芳

T 這裡的服務生剛才說我的口音很可愛！她不知道有可愛口音的，其實是她！

P 不好意思，請稍待片刻，我正在享用這鮮美的黃瓜三明治。好好吃哦。我可以看見窗外的教堂，聽見悠揚的鐘聲迴蕩。這是哪裡？

一定是夢。

B 我們在離開巴特曼斯之前，在繁花盛開的蘋果樹中挑了張餐桌，享用了茶和檸檬蛋糕；然後，是時候前往下一站：查爾斯頓了。

J 喬跟我們親愛的朋友席芳在地圖上找路，車順著栽種峨參、垂著山楂的灌木籬牆開，感覺像是在衣櫥裡穿梭；等我們從另一頭冒出來，將會抵達一塊從未去過的、被時間遺忘的土地，就是席芳提過的宅邸。那幢擁有豐富文藝歷史及性格的神奇宅邸，位於薩塞克斯東部、靠近盧易斯（Lewes），即是查爾斯頓。

A 查爾斯頓不似巴特曼斯那般陰沉、中規中矩，門窗也沒有飾以鑲框，它不是用金錢堆砌的房子，而是用心去經營的家。

正在播放的音樂，是法蘭克·辛納屈唱的：帶我飛向月球[10]。

T 房間與室內陳設都由屋主一手打造，天馬行空

凡妮莎

維吉尼亞

and 卻又令人著迷，以「工藝與美術」風格來裝潢（我聽過這種風格，但老把它想成跟法蘭克・洛伊・萊特[11]和史蒂克雷[12]家具有關；這種風格我向來不感興趣，不過，進一步了解之後才發現我原本的認知只是九牛一毛）。這幢宅邸遠比我想像得有意思——我愛死它了！

她 的 故 事

查爾斯頓是凡妮莎・貝爾（生於 1879 年）的故居，她是維尼吉亞・吳爾芙（生於 1882 年）的姐姐。總而言之，凡妮莎跟維吉尼亞這對姐妹很親，年輕時都曾受虐，長大後又都飽受憂鬱症之苦；維吉尼亞甚是嚴重，她於 1941 年 3 月 28 日，穿上外套，把口袋裝滿石頭，走入自家附近的河裡溺水自盡；凡妮莎是自然死亡，於 1961 年 4 月 12 日（我的 14 歲生日）下葬。

這兩位造詣非凡的藝術家，不僅是和平主義者，也支持婦女爭取參政權，同時更是布魯姆茨伯里派[13]的核心人物；該派集結了一群富有影響力的作家、知識分子、哲學家和藝術家，就連薇塔・塞克維爾-韋斯特也靠著她和維吉尼亞的關係，跟該派沾上了邊。

在絕大多數男人主導的歷史中，
女人叫作「匿名」。
維吉尼亞・吳爾芙

挑戰傳統是該派的主軸，維多利亞時代結束了；這群人年輕有抱負，一心改變世界。他們自己選擇過相對波西米亞式的生活，跳脫當時「常態」的框架，形成相當大的反差。他們毅然決然地按照自己的主張過日子，明知旁人會有異樣的眼光，依然故我前行。

凡妮莎・貝爾繪

1916 年，維吉尼亞跟凡妮莎說她家附近有房子要出租。凡妮莎跟她的伴侶鄧肯・格蘭特（Duncan Grant）租下之後，查爾斯頓便成了他們藝文界的友人跟大家庭在鄉間聚會的場所，其中包括著有《窗外有藍天》（A Room with a View）和《霍華德莊園》（Howards End）的 E.M. 福斯特[14]，如果你還沒讀過這兩本書，我可以大力推薦——說巧不巧，他剛好是伊莉莎白・馮亞寧為孩子請來的家教老師——也就是我剛讀完的《伊莉莎白和她的德國花園》的作者！看到了吧？跟你說過啦，一切都是環環相扣！）。

接下來，我們開始參觀宅邸！

我們發現凡妮莎跟鄧肯不只創作了賞心悅目、充滿光與色彩的畫，他倆更運用豐富的想像力和魅力，

以手繪或模板印刷的方式布置
屋子的每個角落；每座壁爐的
周圍、每個書架、每面牆、每
扇門、每塊地板，甚至桌椅（風
格迥異、來自不同年代的家具
大雜燴，有些看起來像是在路
邊撿來的）都留下了他們的巧
思。他們設計並製作陶器和磚

瓦，拿風格簡約、鮮豔時尚的織物蓋在家具
上、鋪在床上、做成窗簾。他們做的針繡花
邊巧奪天工，除此還會彩繪燈罩、把畫作掛
在牆上，這些裝飾擺設集在一起，我會用天
馬行空、精緻典雅來形容；這真是我看過最手工的房子了！
他們無法揮金如土，於是用巧手打造屋子。買不起壁紙嗎？
沒關係，直接畫在牆上就好！

T 色彩經年累月之下，
難免稍微褪色，但還是不難
「看見」它那鮮活的原貌。
倘若這叫做工藝與美術
風格，那也算我一份！

我們心滿意足地走回戶外，發現一座植物繁茂生長爬滿牆的花園，可以隨心所欲逛到天荒地老。小徑和長椅都盤繞著勿忘

我，有隻畫眉鳥在蘋果樹上歌唱。玫瑰攀過門窗；這座花園在夏季盛開的模樣何等壯觀，我們也只能憑空想像了。即使現在，大門旁也有塊邊境活脫脫像是蠟筆畫出來的，同樣繽紛絢麗的色彩似乎正是這幢宅邸的標誌。

Nothing is more the child of art than a garden.

藝術之子，非花園莫屬。

Sir Walter Scott
華特·史考特爵士 [15]

109

宅邸隔壁是間棒透了的小茶館，櫃台擺了一束園裡剛摘的花，旁邊還有壺出自於當地乳品農場的鮮奶油。灰藍色的粉刷牆面、玫瑰圖案的桌面油布；他們還以艾瑪·布里奇沃特[16]出品的陶杯裝茶！我們品嚐了玫瑰檸檬水和將檸檬水摻進啤酒調製的香蒂酒。我點了烤起司三明治配祖傳番茄，和羅勒香蒜醬抹酥脆金黃烤麵包。我從麵包外皮舔掉香濃欲滴的起司——大啖美食的同時也不忘作筆記，這樣以後才能如法炮製！

宅邸的導遊提過凡妮莎跟鄧肯曾在 1940 年代繪製附近一所教堂的內部，所以它成了我們的下一站。教堂的內部很有意思，但外頭的風光更是如詩如畫！

我拾階而上，回眸一望，心頭一怔——
此情此景哪！我彷彿來過這兒，伴著
吊鐘花和啼囀的鳥兒；微風吹過林間，哞哞叫的
乳牛，樹籬後頭的農舍，還有低吟「我的腳趾頭
傷了貝蒂！」的鴿子。

我大概沒辦法太快忘卻查爾斯頓；那些人物
的故事，那棟宅邸；如此栩栩如生，像是讀到一本精彩絕倫的好書，
一直令人魂縈夢牽。

Note to Sue:
備忘：

回家之後，記得把家中的一隅布置成查爾斯
頓美術與工藝、布魯姆茲伯里派風格：找到
與在英國草地上生長的鮮亮花卉類似的植物，把它們插進果
醬罐或壺裡（英式英文稱大小罐，最好有缺口的）。把壺擺在
一疊舊書上頭，大功告成——瞇眼一瞧——妳也是波西米亞風
格、羅曼蒂克、提倡婦女有參政權的勇敢作家兼藝術家。♥

ALFRISTON

如此可愛的小鎮——一定會舊地重遊！

S 席芳和我們道別；她該回她位於格羅斯特郡（Gloucestershire）的家了。我們相擁而別，不過旅途尾聲我們還會去她和她丈夫約翰家拜訪。我們先就此各奔東西。

W 我們下一站想去維吉尼亞・吳爾芙的舊宅修道士之家（Monk's House），畢竟近在咫尺，可惜的是，我們動身的時候，它已經關了；我們聽過奧爾弗里斯頓的古老村落有家很

特別的書店，索性轉移陣地，不料書局也關門了。等我們終於坐在喬治酒館（始於1397年）的壁爐前，我知道今天已正式結束；我對著喬（大聲）說：「我的紅血球在溶解。」這時啤梨氣泡酒還沒上呢。

喬治酒館

OK, 就這樣了；我們無處可去。我喝光了最後一口茶，吃光最後一塊司康餅的碎屑。喬應該馬上就回來了。我走向雜貨店買些玫瑰檸檬水、布里乾酪、麵包、番茄、小瑞介紹的有機燕麥捲——回家的路上還有家古董店呢！先拜囉！

On the Street
我們住的這條街……
where we live...
在鎮上漫步

我們💙好愛韋特羅斯超市～他們的店員都穿制服呢！

ENGLISH
COUNTRY
HOUSES

V. SACKVILLE-WEST

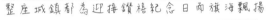

看我在古董店找到什麼書！整座城鎮都為迎接鑽禧紀念日而旗海飄揚！

花店　　　　　在慈善二手店這些只賣45先令

魔法是否會從每扇門溢出

CAN YOU HEAR A LARK IN ANY OTHER PART OF TOWN
鎮上其他地方能否聽見雲雀鳴唱

ONLY HERE ON THE STREET WHERE WE LIVE
只有在我們住的這條街才會聽到這些聲音

A ROSE-COVERED COTTAGE

布滿玫瑰的農舍正等著你。

WAITS for you. ♥

THEY CALL A REALLY DARLING COTTAGE

真的很可愛的農舍小屋

"A Box of Chocolates"

「一整盒的巧克力」

英國的住宿選擇有很多，從五星級飯店到古雅的民宿、城堡客房、舒適的鄉間別墅旅館、乃至於鬧區公寓，應有盡有。我們通常會把整棟房子或整層公寓租下來，這樣就能擁有屬於自己的廚房，以及一個叫做「家」的地方。這個國家的每個角落都不愁找不到好房子，只不過「覆滿玫瑰」和「如巧克力紙盒圖畫般的農舍」自然是我們的首選！網路上可以輕鬆找到租屋訊息——只要搜尋 Google，輸入關鍵字 vacation rentals in England（英國度假租屋）✦，即能觀賞虛擬的實境導覽！

Some things you should ask about:

什麼事該先問：

有沒有提供無線網路？是否附花園？可以接受浴缸，還是喜歡淋浴？有沒有洗衣機跟烘乾機？停場車離租屋處有多遠？屋內有沒有壁爐？（英國常常陰雨連綿，造訪庭園走了一天過後，回家在柴火前啜飲一杯熱茶是種莫大的享受。）還有，如果喜歡在沙發上伸展身子，基本法則是在線上找三人坐沙發的照片。如果只看到雙人坐的，那八成是情人沙發。最後一點，我們無論在英國的哪裡留宿，客房總是會提供電熱壺，就連飯店也不例外。非常文雅。♥

我在查爾斯頓買的收納壺

A RING DISH I BOUGHT
AT CHARLESTON

傑克

女娃

May 18, Friday 11am

5月18日，星期五，上午11點

我窩在情人座讀關於查爾斯頓的一本書，
腦袋想著這間租來的房子缺了什麼農舍魅力
（這可是至關重要），但話說回來，它舒適的環境、
到哪兒皆步行可達的方便生活機能彌補了一切。不
過下次我要早點準備，絕對不能錯過農舍的魅力！
還要花園相輔。

我超愛附近的教堂鐘聲！

今早收到一封電子郵件，寄件人是居家照護
小貓的威爾，他人真好，寄來寶貝們的照
片——從牠們眼中，我看不見責難！

受到查爾斯頓和布魯姆茨伯里的藝文洗
禮——真是逸趣橫生哪。幫查爾斯頓的那一
頁畫飾邊，不過忘記帶削鉛筆機了。

HEVER CASTLE* 希佛堡

5月19日星期六・下午2點
May 19, Saturday 2 pm

我們現在到了這兒↗——安妮・博林 [19] 的童年住所希佛堡。她是國王亨利八世命運多舛的妻子，也是伊莉莎白一世的生母，不過只當了三年的英格蘭王后！這座童話般的夢幻城堡建於1270年，看上去雖稱不上雄偉或華麗，可開合的吊橋、護城河卻一樣也沒少，騎馬到倫敦的距離又不超過半小時。安妮的父親繼承這座古堡，一家人於1500年左右搬了進去。安妮的臥室麻雀雖小、五臟俱全；可以毫不費力地想像她在這裡長大（甚至可以想像你自己在這裡長大！）我彷彿可以看見十二歲大的安妮望著臥室窗外，對星星

116

許願，夢想擁有浪漫的未來──然而，攤在我們眼前，她卻毫無所悉的是，命運好似一隻毒蜘蛛在角落潛伏。（我的人生愛過也失去過什麼，但至少沒遭到處死！幾年後，亨利將她「處決」，再把希佛堡送給他的另一名前妻，做為離婚協議的條件！！！真是在傷口上灑鹽啊！）稍微發揮一下想像力，就能看見亨利八世和他的屬下穿戴齊全、全副武裝、騎著駿馬來到這裡，號角響起，躂躂的馬蹄踏過吊橋，你大概會想大叫：「快逃！」

安妮‧傅林

敲響警鐘！通報衛兵！放下閘門！

1903 年，愛好歷史的美國首富威廉‧華道夫‧阿斯特[20]買下希佛堡，花下重金整修，作為他的宅邸。現在踏進城堡，所到之處盡是他整修過的遺跡。房間富麗堂皇，家具看起來也很舒適，我好想在這間美麗的會客室辦派對啊！他增建了豪奢到無以復加的花園和一座湖（動用 800 名本地人徒手開挖幅員 38 英畝的土地！）你可以在這兒一享搖槳之趣；往日的人們在草地上、大樹下野餐。真是一個美好的地方，我們花的每分每秒都很值得。

J城堡外圍種了一圈黃色鬱金香和紫色龍面花，令人看了心曠神怡，我真的該做園藝筆記，把這些點子記下來！我們拍了無數張照片，想要證明這不是一場夢。

Later 稍後 W 我們進入城堡裡的茶館，每張餐桌都用花瓶裝了吊鐘花。我們花了好幾個小時在花園裡徜徉，這一趟令人大飽眼福——裡面還有迷宮！就連民宿也找得到。要是早點知道就好了，這樣就能在這兒待上幾天。我好想在夜幕低垂後待在這兒，或在破曉時分漫步湖畔。聖*誕節來更好！這裡的歷史如此引人入勝！你可以想像嗎？坐在壁爐前，看著窗外雪花飄落？我們非得回來不可。

回家可以種種看

宛如野花疆界

這是安妮的字跡——
我喜歡她寫的 "A"

Anne the queue

NEMESIA 龍面花

一如塞倫蓋提的日落

黃色鬱金香

一如塞倫蓋提的萬紫千紅

In short, there's really not
a more congenial spot...
Camelot

簡言之，找不到比這兒更怡人的地方了……
卡美洛城堡[21]

Choose your roads wisely & be sure a few of them are dirt.

慎選你要走的路，確定其中幾條是泥徑。

PUBLIC FOOTPATHS

公眾步道

過去二十年來，我跟喬在瑪莎葡萄園幾乎每天早上都會走同一條路散步——在泥路上輕快健走，穿過樹林到海邊。那是我們一天當中最鍾愛的時刻。

所以，當我們得知英國境內上上下下幾乎每個小鎮的盡頭都有公眾步道，簡直樂翻天。有的步道連綿幾百英哩，在田野和農莊間蜿蜒，穿過樹林和小鎮，沿著小河、越過溪水、經過連接每個鄉村的「法定特殊自然美景區」⭐。

這些步道早在遠古時期便已存在，在發明汽車的千百年前，

途中巧遇帶狗散步的男子

120

人們帶著商品趕市集、上教堂　并
訪朋友，就是循著這些路。

　　因此，想要徒步環繞英國，中
途在酒館和民宿停留，把每一天都
過得像在冒險，不是辦不到的夢。

Y 無論你到哪裡，都能在地方上的小店找到步道路線圖。我們
使用的是 1:25,000 比例尺的探索系列地圖（OS Explorer Maps）。

☆ 步道都做了記號；無論在哪
個村莊，只要走進小巷，出了
城，被農莊動物圍繞，

　　　意外發現珍寶；
你永遠不知道自己會尋得什麼
寶貝。

　　循著步道一直走，讓我們體驗到最美好的旅遊時光，因為沒有
計畫，也沒有期待，可
是驚喜無所不在。請翻
頁讓我帶你一同見識。

Follow Joe →
跟著喬走就對了

尋求靈感時，常能覓得

THE DOOR OF SERENDIPITY. IT'S GOOD TO WAKE UP IN THE

意外沢寶。早晨醒來，

一起來吧？

千年老樹使每個人變成護樹的環保人士

我們和小羊在草地同行。

(BECAUSE YOU REALLY DON'T KNOW), "WHAT SHALL WE DO TODAY?"

「今天要幹嘛？」是美好的（因為您真的不知道要幹嘛）。

肥雞

野花草地和小農舍

伸懶腰打呵欠，問自己：

MORNING, STRETCH & YAWN AND ASK YOURSELF

山丘與谷地

跨越柵欄

羊群處處

跟著小徑走

過橋

越過河流穿過樹林

123

轉角處，
可能有條通往祕窟之門的蜿蜒小徑等著你。

SMALLHYTHE PLACE*

斯莫海斯

MONDAY, May 21 2pm 5月21日，星期一，下午2點

　　我坐在桌前，身在茶館的花園草坪上，向草坪遠方望去，成群蜜蜂在木柵欄邊飛舞，兩旁布滿如蕾絲飾邊的峨參──我們沐浴在陽光中享用下午茶，我一邊為日誌作筆記。今天早上我們原本要進行「一小時健走」，但結果出乎意料，我們踏上了一條愈深入愈加迷人的小徑，令人著迷到無法停下腳步！

我們該往回走嗎？

我們穿過大門，經過遍布草原的小羊群，走進樹林裡，更加期待看到下次拐彎後的景色。我們沿著河邊落花滿地的小路往前走，這時喬拿出地圖說：

「好，我們已經走了一個小時，現在我們可以掉頭或是繼續往前……你想要怎麼走？」

我點了點頭，「前面有什麼？」

他指著地圖說：「下一座小鎮好像有英國古蹟信託協會保存的古蹟，大概還要走一英哩半——是位女演員的故居。」

我感覺到小徑正在呼喚我。「這裡太美了，讓人捨不得往回走！」（鳥兒在一旁啾—啾—啾地叫。）

喬說：「那我們就繼續走吧，不過要記得，這裡可沒有計程車。」

我邊笑邊想著，英國古蹟信託協會就等於茶館和洗手間，我才不需要計程車呢。

真慶幸我們沒有往回走——這趟漫步多美好，而且斯莫海斯竟是我們所造訪過最小巧怡人的協會古蹟——絕對稱得上是「一整盒的巧克力！」現在我人在後院，這裡是都鐸時期留下的農舍，建於 1500 年，⟶ 並在 1899 年易主，買家是維多利亞時期著名的舞台劇女演員。

ELLEN TERRY.

埃倫·泰瑞 22

125

斯莫海斯

5月21日，星期一（續）

埃倫喜歡在臥房的這張桌子上喝茶

S 埃倫·泰瑞將這座農舍當作遠離倫敦喧囂的渡假小屋，時間近三十年。埃倫過世後，她的女兒伊荻（另一位薇塔·塞克維爾－韋斯特的朋友！）將這座房子贈予英國古蹟信託協會，完全保留母親生前居住時的模樣。

年輕時的埃倫·泰瑞

T 屋裡的方形角落一處也沒有空著——斜角屋頂蓋滿手工陶土瓦，完全展現整體建築風格；房屋內，咬咬作響的木製地板隨著走廊坡度起伏，低矮的天花板與門窗因老舊而彎曲。

E 埃倫·泰瑞的倫敦住處十分便利，但她買下斯莫海斯後，仍讓房屋保持原樣，沒有電力也沒有自來水，只有蠟燭和油燈。

她總是在窗台種滿一排天竺葵

I 我完全可以想像，她住在這裡時周遭有多麼恬靜，只有大自然的聲響和自己的腳步聲。屋內展出了埃倫的舞台戲服、珠寶、針線盒、私人圖片、梳子、來自喬治五世的電報，以及她精彩的一生與職業生涯所留下的紀念物品。

126

沿途鳥鳴不絕於耳

O 我們在屋外沿著綠
茵茵的小徑走過埃
倫的玫瑰園、粉紅花朵盛
開的果園、核果園，再穿
過樹籬開口（摘了金鳳花）
←一直到隔壁教堂
前的墓園。

T 草地上小羊咩咩叫，鳥兒在歌唱，陣風吹過樹梢、穿過墓碑，金鳳
花隨風時而俯下時而搖擺，如同長草中的一陣波浪，蜜蜂在紫丁香
與蘋果花間飛舞；雲開日出，
這片古老的景色永無止境，
眼前一派和諧，從樹籬上
方向遠處看去，
可見幾處斜角屋
頂——這片景致
就是如此，一如
往昔，此處，正值美麗的五
月。May.

穿過「野生花園」

§「把你的陰影落在
日規上，讓秋風颳
過田野。」[23]
——萊納・馬利亞・里爾克
Rainer Maria Rilke

一簇簇勿忘我環繞房屋周圍 ♥

GoodMorning!

5月22日，星期二，上午7點。外頭雲層有點厚，但是BBC說很快就會放晴。

我剛才在想——昨天之前，我從來沒聽過埃倫·泰瑞這號人物，但她迷人的農舍花園開滿閃爍動人的藍色勿忘我——我猜她絕對會想看看自己在斯莫海斯的圖片，也會想知道自己尚未被遺忘。♥

從斯莫海斯回家途中，我叫喬躺在金鳳花田上，由我來幫他拍張照。他看了看花　田，又看了看陽光，接著說：

「如果我躺在那　裡，就再也不想起來啦！」

他從路邊撿起這片啄木　鳥羽毛遞給我，說：

「把這個放進你的日誌裡吧。」

所以羽毛就在這一頁上方，現在這本日誌包含了英國林道裡啄木鳥的DNA，還有金鳳花，有什麼能比這更棒？

　　BBC報導：菲利浦王子對妻子英國女王伊莉莎白二世的稱呼有「莉莉貝特」（Lilibet）、「親愛的」以及（這個稱呼我不太確定）「小臘腸」（Sausage）。（大概用英國腔會比較好聽吧！）

我吃著椰子優格配上藍莓和燕麥捲，一邊等喬起床，再一起去散個步。今天是星期二，時間過得真快，我們星期五就要開始往北走了！

樹林裡的鴿子低聲哼著：「我的腳趾頭傷了貝蒂♪」

Knole ☆

諾爾

今天我們造訪的景點是諾爾，這座大宅有 365 個房間，是英國最大的宅邸之一。諾爾建於 1465 年，是貴族塞克維爾家族的祖宅，也是薇塔‧塞克維爾－韋斯特的出生地。

薇塔是第三代塞克維爾領主的獨生女；她的父母是表兄妹，兩個祖父則是親兄弟，即使如此，她還是不夠「塞克維爾」。她必須生下男孩才能繼承諾爾，反之繼承權將依法屬於她的表親艾笛（Eddy）。父親過世後，薇塔必須離開深愛的住處，也是她唯一的家，想當然在她的餘生，諾爾成了她所厭惡的地方。

西辛赫斯特古堡是薇塔試圖彌補這段回憶的創作，雖然兩座建築的相似處並不明顯。

諾爾

西辛赫斯特

諾爾宏偉堅實，西辛赫斯特則較為小巧，也有點年久失修，古堡裡多的是花園隔間，而非真正的房間。

薇塔的經歷如同活生生的黑暗童話——生在世紀末的公主打破一切規範，女扮男裝隨愛人私奔至巴黎。

「腐朽的一群人，幾乎全是十足的瘋子。」薇塔如此形容她的祖先。根據我所讀到的塞克維爾家族與諾爾精彩歷史（在禮品店導覽手冊上看到的），薇塔說的一點也沒錯！世世代代的家族成員過著嬌生慣養、自我中心的生活；豪上鑽石、繡花綢緞與錦緞；鑲滿黃金與白銀蕾絲；身披天鵝絨及皮草（再加上和親戚結婚）——怎麼可能會正常？他們的生活一定完全是齣肥皂劇！

我試著想像如果是薇塔和哈洛德繼承了諾爾，圍牆內 26 英畝的花園會是什麼景色——不過，也許根本不會有花園，也許沒有繼承諾爾，就是薇塔建造西辛赫斯特的靈感來源——有時守護天使未必看起來像天使。

現在諾爾大宅屬於英國古蹟信託協會——但現任的塞克維爾領主以及他的家人（應該人很好）仍然定居在此，而塞克維爾家族的第一代選擇此地落腳，距今已超過 400 年。宅邸內的公開空間擺滿 16、17 及 18 世紀的家具、繡帷及畫作，這幢房子不像查爾斯頓和斯莫海斯一樣經過精心妝點，而是一處住著領主與夫人、公爵與公爵夫人、伯爵與伯爵夫人、國王與皇后的宅邸——歷史十分悠久。

有趣的是，15 世紀諾爾落成時，是只用原始工具建造的宏偉建築，這看似是不可能的任務——即使有些建築歷經四、五代才完成，當時的人還是做到了！英國✿處處是令人驚嘆的城堡與大教堂，全都建於數百年前先進工具尚未出現時。諷刺的是，現在要打造這些建築根本易如反掌，但我們卻沒有這麼做！

5 月 24 日，星期四，下午 2 點

明天要離開「英國的花園」肯特郡了，向北前往波特小姐之家，由瑞秋和保羅帶路。準備出發之前，我洗完衣服，試著用公寓外的 50 年代曬衣架晾衣服——有四個面可以轉動和收起的那種。我把曬衣架撐開，就像撐開雨傘一樣，但我的鼻子卡到了塑膠繩一會兒，然後整個架子突然脫離地上的洞口，我在院子裡搖搖晃晃地試著把衣架插回洞裡，像是笨拙版的瑪麗・包萍（Mary Poppins）[24]。

終於成功把曬衣架擺回洞裡並張開，我以為架子已經完全固定了，所以把濕衣服都掛上去；這時候，衣架又再次垮掉，而且這次我還被卡在繩子裡，被濕衣服層層壓住，我跌跌撞撞試圖找到一線生機，我千萬不能跌倒！——直到裔從廚房窗戶看到這幅景象，並且傻笑著走出來，我才終於得救。這種事情絕對不會發生在任何一位塞克維爾家族成員身上！

BE YOURSELF. EVERYBODY ELSE IS ALREADY TAKEN.

做自己吧，因為其他人都已經有人做了。

♥ Oscar Wilde 王爾德[25]

CAR TALK ★

DRIVING IN ENGLAND
在英國開車二三事

不，這不是我們的後視鏡，我們還沒這麼慘。

W 我們剛結束四小時的車程，簡直是一次瀕死體驗，但我們安全無恙到達目的地，兩人關係也完好如初。所以我靈機一動，打算寫下我們在英國駕駛的經驗，說不定能幫到其他旅行同好。

F 首先，如果你選擇租車，記得要挑車身最窄的款式，每少一吋都可以在這些細長的鄉間羊腸小徑幫上忙，這些僻徑通常會變成單一車道，即使常有兩輛車子經過的情況，我想上圖這位把外後視鏡掉在灌木叢的仁兄可以充分作證。你會經常被石牆、厚實的灌木籬牆，或緊鄰路緣的建築物包圍，我們租來的富豪（Volvo）有配備感應器，當我們接近石牆或其他車輛靠近，嗶嗶聲就會響得更急促，真是幫了我們一個大忙。

I 我完全不會考慮租一輛沒有 GPS 的車，在英國，GPS 叫做衛星導航（Sat Nav），扮演救命的重要角色。目前為止，GPS 令人安心的聲音從沒犯過錯。上方照片是我們車上的螢幕，顯示下一個環形交叉路口該走的路線……，了解我的意思了吧？ GPS 小姐向我們仔細說明，如果我們錯過了轉彎，只要冷靜地再繞一圈到轉彎處開出去就行了。

U 除非你特別要求要租自排車，不然你大概都會拿到手排車，這表示你要用左手打檔，光是要靠左邊行駛就夠你受了，更何況加上用左手打檔的混亂。

（如果你是英國人在美國租車，你也會想要開自排車！）

I 重點中的重點，請駕駛們絕對要記得，現在車子大部分的體積落在左手邊，而自己應該要保持行駛在左側車道的右邊，注意別讓乘客撞上石牆、樹籬或是建築物，儘管乘客大概會提醒駕駛無數次以上事項。

同時，乘客應該要向駕駛表達感謝，謝謝他負擔如此折磨人的責任。

S 尖叫顯然是很不討駕駛歡心的行為，即使駕駛自己尖叫也一樣，不過這是難以避免的狀況，就算緊張地用力踩著地板，車子也不會停下。

喬提醒我：「禍從口出。」（翻譯：「沉默是金」）我則提醒喬我們同在一條船上，還有拜託，打起精神來。*More...* 待續……

S速度緩慢的羊群與雞群、馬車、農用車輛以及老爺車，經常在你彎過狹小的轉彎處時出現。

O其他小祕訣：★遵守速限規定；你也知道，大部分的路都設有測速照相機，所以要注意轉向燈號，開過小鎮和村莊時要減速慢行。單一車道讓行有明確的規定，你應該要了解一下，一本《高速公路規則手冊》的小冊子可以幫上不少忙。☆

T旅遊並不容易，所有的一切都很陌生，待在家裡根本簡單多了；但這麼做是為了尋找靈感、面對挑戰、追尋美感、尋求成長，以及最重要的，製造回憶。

And I said to myself, it's a wonderful world. ♫ 我和自己說，世界多美好。

WE ARE HERE & IT IS HEAVEN!

我們在這兒，這裡簡直是天堂！

Good Morning!

現在是 5 月 29 日
星期二，上午 10 點，

我正坐在桌前，下圖就是我眼前的景象！我們才剛到達這裡，前幾天都和我們親愛的朋友瑞秋及保羅一起度過，我們一起去了倫敦——先讓我告訴你發生了什麼事（再讓我徜徉於花海中……）。

今天早上我聽到 BBC 報導：「歡慶鑽禧紀念日的『聯合傑克』[1]旗幟綿延三千英哩。」我才剛買了一面 15 呎的英國國旗，要帶回家當作午茶派對的裝飾。♥

LONDON VIA AYLESBURY
從艾爾斯伯里到倫敦

紐約凌晨 3 點時，倫敦仍停在 1938 年。

♥ BETTE MIDLER 貝蒂·蜜勒[2]

我們從肯特郡的坦特登開往艾爾斯伯里——之後的事轉瞬間就過去了——在瑞秋✲的花園喝茶；參觀保羅的蜂窩；認識他們的短毛梗犬愛麗絲；享用小瑞美味的檸檬奶油餅乾（她有給我食譜！）；在廚房邊做晚餐邊跟著法式咖啡廳的音樂跳舞。我們全員加上愛麗絲都搭了鐵路夜車前往倫敦。

整個倫敦都為了女王的 60 年登基紀念日盛裝打扮，牛津街及攝政街上視野所及之處，都可以看見旗幟上下飄揚，人群全沉浸在節慶氣氛中——唯獨缺了披頭四站在樓頂上唱著「回來吧，喬喬！」[3]

我們在頗負盛名的餐廳 Dabbous 和 Nopi 用餐，但我最愛的還是馬里波恩 Cabbages & Roses 跳蚤市場裡的茶亭。兩個男人去逛街了，我和小瑞則在樹蔭下享受午茶和蛋糕，邊聊天邊丟著麵包屑，

餵食在桌下跳來跳去的麻
雀，真是完美的
一天。

保羅和小瑞是非常棒的導遊——攝
政公園往這裡走

W 我們回到艾爾斯伯里後，
開車前往小瑞的父母家，
這座 16 世紀的農舍就是小瑞從小到
大生活的地方。真開心再次見到戴
安娜和克里夫（小瑞的父母），「小
戴」幫我們準備了野餐，讓我們在前花園樹蔭下的桌子享用。我們漫步
走過藍鈴花田和野生果園，這是我人生中第
一次聽到布穀鳥的叫聲！然後我想要養一隻
小羊！這裡養了馬、牛和羊群，小瑞的妹妹
露西和她先生大衛（還有他們四歲的兒子威
廉→）負責經營農場並製作起司。

W 我們和威廉在草地上玩耍，一
邊吃著美味的烤雞午餐——至於
「布丁」（英國人把所有甜點都叫做布丁！），小戴準備了一碗多汁的
草莓和燉大黃、一球球香草冰淇淋灑上巴薩米可（Balsamic）糖漿。❤

R 我和小瑞原本是筆友，
透過書信來往而變得
越來越親近，二十年後的今天，
我們到對方的國家旅遊，認識對
方的家人及朋友，我們都覺得這
真是奇蹟。❤

離別令人難受，和大家道別真是痛苦，小瑞和我如此契合卻生在世界兩端；不過她得回去照顧麵包店，保羅也得回律師事務所上班，而我們要去尋找波特小姐（大概要花上四天！！）♥

沒有什麼比一顆柔情的心更具魅力。
珍・奧斯汀 ♥

THE PEAK DISTRICT 峰區

W 德比郡（英國腔要念「Darby-shur」）的威克斯沃斯（Wirksworth）

昨天早上我們再度上路時並沒有特別計畫，要為這幾天保持發現意外珍寶的機會——我覺得一定會發現！我們沿著地圖上標示為「風景最佳」的路段往北行駛，意外遇上寫著「座位」的標誌，於是我們來到這座迷人的石造農舍「威克斯沃斯」。★我已經想永遠待在這裡了。

我們在附近的市集城鎮暫時停下，想買些食品雜貨——看到了一間很棒的古董店，但沒有營業，猜猜看我們今天要去哪裡！

今天早上我下樓的時候，看見這隻孔雀在露台上，面向法式玻璃門盯著自己的倒影；我們可愛的房東珍擺了一束玫瑰在廚房桌上，然後告訴我孔雀就住在這裡，名字叫達西。

LATER
稍晚　晚上 9 點

9pm. 今晚真是
寧靜美好，我們在
戶外吃晚餐，夕陽
為石造農舍染上
了橘子果醬的色
彩。「親愛的，要
布丁嗎？」喬邊問
邊把瑞秋做的餅乾放進我的籃子，瑞秋用玻璃紙把餅乾束成一袋袋，
方便我們帶著走，「當然！」我用法文回答。以下是瑞秋的食譜：

Lemon Butter Cookies
檸檬奶油餅乾

1 杯溶解奶油
2/3 杯砂糖
1 茶匙香草萃取物
1 顆檸檬皮

1 又 1/2 杯未漂白麵粉
1/2 杯黃玉米粉
1/4 杯玉米澱粉
些許冰糖（「為了增加酥脆
口感」，但不一定要加）

C把奶油、糖、香草和
　檸檬皮打成柔順乳狀，加入乾燥食材攪拌，直到充分混合。用蠟紙
把麵團捲成型，並分成兩個 8 吋的長條形　　　　　　（中間檸檬片
圓，大約一個餅乾的寬度），把麵團包　　　　　　　進保鮮膜，放
入冰箱大約 1 小時。將烤箱預熱至約　　　　　　　177℃；餅乾切
成約 1/4 吋；鋪上抹油的烤盤紙，灑上　　　　　冰糖（或是在切麵
團前裹上糖粒）。烤 15 分鐘，直到餅乾呈現金黃色，放在蠟紙上冷卻。
可以做大約 40 片餅乾，另外，也可以把麵團桿平，做成茶壺或愛心形狀，
加上特別的玉米粉口感實在是太好吃了！

May 30, Wednesday 4pm
5月30日，星期三，下午4點

「預計午茶時間將會下雨。」——BBC

峰區★真是太美了！我們走了一段很長的泥濘路，爬上穀倉後方的山丘，俯瞰下方威克斯沃斯的屋頂；眺望遠方山腳下的群房，農田與森林像是翠綠的被褥拼布，綁上由蜿蜒道路形成的緞帶。

回到屋內時我已經冷到骨子裡，牛仔褲濕到膝蓋高度；我拿了本書，泡了好久的熱水澡。我想不起來上次用到曬乾的毛巾是什麼時候了！我會把亞麻材質的衣物掛在曬衣繩上曬乾，但毛巾就不會用曬的，我以為這樣會讓毛巾變得粗糙，然而，這條毛巾不但用起來很舒服，聞起來還有外面整片花田的香氣。

現在我正坐著喝茶，一邊聽著雨聲，一邊看著BBC——喬正在煮湯，我打算開始彩繪昨天買的茶壺，是在鎮上那間很棒的古董店買的，（沒錯！我買了茶壺！現在我只需要想辦法把它塞進我的行李就好！）這個茶壺只要8英鎊，大約是我們熟悉的15美元，我怎麼能不買呢？那家古董店有很多吸引人的好東西。

→

玫瑰上的雨滴和小貓咪的鬍鬚

WE BRAKE for ANTIQUE STORES.

我們為了古董店踩下煞車。

There were silver spoons tied with ribbon, lace tablecloths, delicate cups of Lovely china with borders of pink & blue twining flowers, Stafford-shire dogs & bisque dolls, gold lustre

一邊看電視一邊彩繪
我的「新」茶壺。
——紀念 1953 年伊莉
莎白女王加冕典禮。

creamers & fluted cake plates, remembrance mugs with kings & queens, & jugs with proverbs from days gone by; enamel trays with men in top hats & women in bonnets, & shelves of old books decorated with flowers & birds.

店裡有繫著緞帶的銀湯匙、蕾絲桌布；搭配粉紅與藍色花藤、史丹福郡鬥牛犬，或陶瓷娃娃圖樣的精緻陶瓷茶杯、金色光澤的奶油小壺以及有長凹槽的蛋糕盤、英國國王與女王的紀念馬克杯、刻有古老俗諺的水罐、琺瑯托盤飾有帶著高帽的男人與帶著毛呢帽的女人，以及一櫃又一櫃有花鳥圖案飾邊的書籍。

HEAVEN 天堂

7am Saturday, June 2
6月2日，星期六，上午7點

達西在廚房窗外的石牆前晃來晃去；一陣霧從湖邊蔓延而來，籠罩金鳳花田，山丘和下方農舍形成一片柔焦，我聽見英國春季大自然的國歌：

My toe huts bet-tee

我的腳趾頭傷了貝蒂

倫敦的鑽禧紀念日慶祝活動從今天開始——預計「天氣會十分惡劣」，不過根據BBC報導，活動還是照常舉行——所有人只關心這件事。而今天我們要開往湖區，我們在當地租了一個星期的公寓。

接近查茨沃斯莊園

過去幾天我們漫步在美麗的峰區，沿著德文特河畔散步，✤造訪茶館和古董店（我在這找到一些很棒的老舊自然書籍）；我們暢飲桃子西打，在寧靜的鄉間沉沉睡去，羊群的咩咩聲及牛群的哞哞聲像搖籃曲伴隨我們入睡。我們參觀了一處貴族宅第「查茨沃斯莊園」✤，這個景點令人讚嘆不已，光是把車開向前門就足以讓人心跳加速，屋內擺滿了藝術與歷史收藏品；十三歲的維多利亞公主就是在這裡參加她的第一場成年晚餐派對。

你看！

WILD FLOWERS OF THE WAYSIDE AND WOODLAND

POCKET GUIDE

無論我們走到哪裡，都有慶祝鑽禧紀念日的旗幟飄揚，王室公告接下來五天是國定假日（bank holihay）[2]，於是整個國家都在享受這場派對。

昨天我們去了一趟史篤城（Stoke-on-Trent），19世紀最美的餐具都是在這裡生產。它也是 Spode、Wedgwood、Royal Doulton、Minton 和 Johnson Brothers 這些瓷器大廠的家鄉。我們來這裡是為了參觀陶藝品牌 Emma Bridgewater 的工廠，我很喜歡他們家的馬克杯，也收藏了好幾個，所以參觀這些杯子是怎麼製作的應該會很有趣。我們在離開島上之前啟程，看著藝術家和工匠使用和 200 年前一樣的技術，實在是太迷人了；我們設計和彩繪屬於自己的馬克杯，作為這趟旅程的紀念品，不過得把杯子留下完成燒陶的步驟，之後馬克杯就會先一步送

我和我的杯子

到瑪莎葡萄園，等著我們回家。

扎雀達西對我們越來越友善，許給了我們一些扎雀飼料，因為我們一直餵食，所以達西一直在旁邊走來走去。我們覺得牠可能愛上了另一位鳥訪客，是一隻雌雞，有天晚上達西追著雌雞跑，一路跑過草地，彎彎曲曲的穿過長草；每過幾秒鐘，達西的頭就會從草叢裡冒出，發出一陣鳴叫，接著又消失不見，身影越來越小，直到他追著雌雞越過山丘——追得我們在地上打滾笑個不停。OK，我得去打包茶壺了，到了湖區再見！

Queen Elizabeth's
DiAMOND JUBILEE

1952   2012

GOD SAVE   THE QUEEN

伊莉莎白女王登基 60 年鑽禧紀念日

PETEY AT EMMA BRIDGEWATER
派提在 Emma Bridgewater

ASHBOURNE
阿什伯恩

KEEP CALM AND REIGN ON

Emma Bridgewater 的藝術家

Fresh Lincolnshire Asparagus
£2.50 a bundle
2 for £4.50
3 for £6.00

愛國農夫的市集

CROMFORD
克羅姆福德

144

EMMA FACTORY
Emma 的工廠

1919 年就開業的 Bird's Bakery

G 再見了，達西，再見了，沂；再見了，石造農舍、粗糙的毛巾、野花田；再見了，美麗的峰區。

OK 英國人請注意，為了你們的安全著想，記得避開 M1 高速公路（還有 M6）。
我們來啦！

HELLO LAKE DISTRICT ☆ 哈囉湖區
AMBLESIDE ☆
CUMBRIA · POP. 2,600
坎布里亞郡的安布賽德·人口數 2,600

J 6月3日，星期日，上午9點。早安！今天天色非常暗——會有斷斷續續的傾盆大雨。

W 我們終於到了要待上一個星期的湖區鄉間，這裡是波特小姐從小最喜歡的地方，我好期待！聽說波特小姐在丘頂（Hill Top）的農莊經常很擁擠，你大概要在開門的那一分鐘就排好隊準備買票，然後可能還得先去別的地方晃晃再回來。這座小巧的房子空間不大，所以門票有限時。今天狀況應該會更糟，因為今天可是國定假日／鑽禧紀念日的週末時間，到星期二或星期三之前，我們根本連想都不敢想。我知道想獨自參觀這裡是種奢求，但如果可以，一定會很棒。

L 昨天離開峰區時，我們去了一趟馬特洛克（Matlock）的麵包店 Bird's Bakery ☆，買了最有名的卡士達塔——我現在正在享用，好吃！昨晚到達安布賽德時陰雨綿綿，我們先去祖屋辦公室領公寓鑰匙和路線說明；我們在村子裡來來回回三次，不停在濕漉漉的彎路上打轉，才終於搞懂「看到橋屋時轉彎」是什麼意思。

P打包、移動、再整理行李已經變成一門學問了，我們的新公寓位於市鎮中心，在河畔（斯托克吉爾河）灰色石板屋的二樓。我們得走過掛著聯合傑克旗的小橋（下方圖片↘）才能走進房子——這裡的地標←「橋屋」✾就座落在我們的公寓前方，橫跨小河兩岸。

D公寓裝潢是令人屏息的現代風格，搭配落地直角窗，大型平板電視占據了起居室一端；屋內所有物品的材質不是黑色皮革就是鉻，我現在寫作用的桌子就是鉻製桌腳搭配玻璃桌面。但這裡地點很不錯，如果雨停了我們就能到處走走。

我們↓

A安布賽德（Ambleside）位在英國最大的湖

溫德米爾 Windermere

前端，這個區域偏北，很接近蘇格蘭，所以你大概猜得到，這裡以多湖而聞名，當地人把湖叫做「淺湖」（mere）或「水域」（water），山區則叫做「山崗」（fell）或「尖峰」（pike）。根據我們開進湖區時看的景色，這裡是由許多小村莊組成，大大小小的湖和山座落其中——非常適合閒逛。

J喬打開電視，因為雨下得太大，哪裡都去不了，不過這樣也不錯，如此一來我們就有理由待在室內，觀賞倫敦泰晤士河遊行的轉播——上千艘的船隊，就是為了慶祝……

146

Q 伊莉莎白女王的鑽禧紀念日，登基60週年……

T 英國女王對柯基犬的喜愛眾所周知，★ 慶祝活動中出現了許多柯基犬的圖像。

F 女王的皇家船艇沿著河道前進，五花八門的船種尾隨在後，從划艇、單人小船到漁船及古老遊艇，應有盡有，每艘船都經過精心裝飾：聯合傑克旗和彩旗隨風飄揚；彩帶從天空緩緩飄下；教堂鐘聲在空中迴盪；號角聲響徹雲際；口哨聲不絕於耳，船隊沿著泰晤士河向前，駛經英國國會大廈和大笨鐘，經過倫敦眼（就是那座大型摩天輪），再穿過倫敦塔橋。

即使下著雨，而且天氣越來越糟（凍僵的上嘴唇和種種麻煩事），數百萬人仍然參與了這場盛事——橋上和泰晤士河兩岸全都擠滿揮舞旗幟的人群，攝影機拍攝到女孩們穿著聯合傑克旗雨衣，有些臉上彩繪著國旗圖案，有些穿戴各式各樣的皇冠與戲服——還有因為雨天，現場有成千上萬的COLORFUL繽紛雨傘。

A 這一切都是為了英國人敬愛的女王；今年80多歲的女王和92歲的菲利浦王子，遊行全程都保持站姿，在強風豪雨中整整站了5個小時！其實船上備有兩個紅色天鵝絨寶座讓兩人休息，但他們一次也沒有坐下，船艇上雖然有遮雨棚，不過邊緣處基本上都是露天空間，我真不知道他們怎麼做到的。♥

1952

超級台柱

6月3日，星期日（續）

A遊行結束後，雨漸漸變小，於是我們穿上雨衣，出門在處處是丘陵又濕漉漉的安布賽德漫步；這裡很像科羅拉多州的特柳賴德鎮（Telluride），有許多登山用品店、登山靴、遮雨斗篷以及後背包。我們帶著幾本書到隔壁的餐廳吃點東西，至於今天的「布丁」，我們點了真的布丁——太妃糖布丁——我們去過的每家店菜單上幾乎都有這道點心，是名副其實的國家甜點，我們之前一直忍住沒有點，現在終於可以嚐一嚐了。撒滿椰棗的濕軟海綿蛋糕浸在太妃糖漿裡，要趁溫熱時享用，也可以選擇搭配香草冰淇淋（也許有些人喜歡，但我們就免了），美味得讓人熱淚盈眶啊！

C早餐吃卡士達塔，晚餐吃太妃糖布丁，現在我真的要變大胖子了。

OUR NEIGHBORHOOD 附近街坊

STICKY TOFFEE PUDDING

非常太妃糖布丁

約 177℃

12 人份

美味
又十分英式！

將蛋糕浸在太妃糖漿中，再把一些糖漿撒在蛋糕上。另外裝
一壺太妃糖漿。趁溫熱時搭配冰淇淋或攪打鮮奶油享用。

Cake 蛋糕

1 又 1/2 杯去核椰棗，稍微
切碎
1/4 杯滾燙熱水
1 茶匙烘焙用蘇打粉
1/4 杯溶解奶油

1 杯糖
2 顆雞蛋
1 茶匙香草
1 又 1/2 杯未過篩麵粉
1 茶匙發粉
1 茶匙肉桂
1/4 茶匙丁香粉末

P 烤箱預熱至約 177℃。

在中空環狀的烤模或是 9x13 吋的烤盤抹上奶油和麵粉，取決於你
想要片狀或是方形蛋糕。把椰棗放入碗中，倒入熱水並拌入蘇打粉，
然後靜置在一旁。

C 在濃稠狀的奶油中加入糖後放進大碗，一次一顆將蛋打入碗裡，接
著放入香草。將量好的麵粉放進另一個碗，加入發粉、肉桂與丁香，攪拌讓
材料充分混合。輪流將麵粉以及椰棗混合物（包含液體）倒入蛋液混合物（麵
粉－椰棗－麵粉－椰棗）。充分混合後將材料倒進準備好的烤盤，使用烤
模需要烤 40-45 分鐘，烤盤則是 20-25 分鐘，蛋糕不會沾黏測試針即可，趁
熱將蛋糕脫模或移出烤盤。

TOFFEE SAUCE 太妃糖漿

1 杯奶油
1 杯重鮮奶油（乳脂肪 36% 以上）
2 杯紅糖
1 又 1/2 湯匙波本酒，可自行選擇是
否添加
3/4 杯切碎長山核桃，可自行選擇是
否添加

M 將奶油溶解在大平底鍋內，拌入鮮
奶油和糖。持續攪拌並加熱直到沸
騰，轉至小火煨煮，攪拌 6 分鐘。
將鍋子移開瓦斯爐，拌入波本酒和
核桃（需要重新加熱剩餘的糖漿時，
以低溫加熱並持續攪拌）。

6月5日，星期二，上午8點

Good Morning!

我有好多東西要記錄！這幾天發生
太多事情了！

昨天，歷經一星期的陰沉天氣，起床時終於
迎來一片藍天，所以吃完早餐、散步一陣子後，我們決定去
一趟丘頂，但我們不打算進去建築內參觀，已經過了下午1點，現在
去也來不及了，我們打算調查一下情況，看看距離多遠，停車空間如
何等等，如此一來，正式參觀時就可以有萬全的準備。

於是我們穿過不能再窄的鄉間小路，兩旁苔蘚覆蓋的石
牆時寬時窄的逼近，彷彿下一秒就要把人壓碎，再加上
假日以及好天氣，我們必須和其他人共享小路，例如拿著手
杖臉頰紅潤的登山客、腳踏車、巴士和拖車（Caravan，在美
國稱為露營車RV），外加並排停車以及
所有非走這條路不可的駕駛！

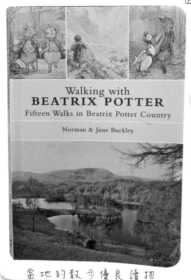

當地的散步優良讀物

路上的標示都是我很熟悉的
地名：Grasmere、Hawkshead、
Keswick、Sawrey、Esthwaite
Water，這些和波特小姐劃上等
號的地名，就像童話故事書裡的
文字，而現在我們來到英國，這
些地方真的存在！簡直就像卡通
人物在我眼前變成真人一樣。

150

I 附近丘陵綿延不絕，四處翁翁鬱鬱，一簇簇森林蕨叢和茂密古老的灌木叢成蔭，茂盛的紫色杜鵑沿著湖邊景色圍成一圈，成群綿羊在湖畔放牧吃草。我們緩緩的行駛，感覺就像來到波特小姐的王國。

喬說：「有看到兔子嗎？」

「什麼？有小兔子？在哪裡？」

沒想到我會眼花到這種地步，需要喝點洋甘菊茶了。

W 我們拐了個彎開進一處小村莊，突然間，在沒有心理準備的情況下，寫著「丘頂」的綠色標誌就出現在眼前。

A 停車管理員正站在入口處，而第一個停車位剛好是空的，他揮著手示意我們開進去！喬搖下車窗問管理員（因為我們知道自己絕對不該在下午1點就這樣走進去……）：

「建築物裡還有空位嗎？」

「有啊，」管理員回答，粉嫩的雙頰隨著笑容綻放，「剛好有！」
英國人真可愛。

C 完全出乎意料，我們啞口無言的看著對方。
「所以？」喬問我：「你想要進去嗎？」

I 我滿腦困惑，我們原本打算星期二或星期三才要去參觀，現在進去就表示要變更計畫。突然間，我清醒了，立刻告訴喬：

「我到底在想什麼啊？！當然要！進去吧！當然要進去啊！」

C 常識是本能，而足夠的常識即是天才。
George Bernard Shaw 蕭伯納

151

於是兩個天才走下車,走過停車場,我瀏覽了一遍近索里(Near Sawrey)的建築屋頂,然後說:「看起來不像。」我一邊想著自己應該會知道這裡是什麼樣子,一邊想著我們是不是來錯地方了,不過售票處就在這裡,附近只有稀疏的人群。我們拿到了導覽手冊和下午 1:40 的入場券,現在是 1:20,天啊,就是這裡了,我現在處於驚嚇狀態,我們現在、真的、要去參觀丘頂農莊了。

多年來對波特小姐的崇拜之情一時之間全湧上心頭,她是我第一個知道以水彩畫維生並出版手寫書的名人。在我年輕時,她對我探索未來生涯有很大的幫助,在各方面都是如此,雖然我透過波特小姐的作品瞭解她,但我並沒有從小閱讀她的著作,真正吸引我的是波特小姐本身和她的故事,她勇敢克服難關、實現夢想,成為自己想成為的人物,並且改變世界。

當世界響起一道原始之聲,特引起百道回聲應和。
—— 約翰・謝德(John Shedd)¹ ♥

現在我們走在涼爽午後的藍天之下,沿著波特小姐曾走過的小徑向前行,經過白色油漆粉刷的農舍與茶館,裝飾著鑽禧紀念日的旗幟與花籃,接著穿過左方的大片草原,來到綠色的柵門,上面寫著(深呼吸):入口。

Beatrix Potter
畢翠克絲・波特

HILL TOP FARM
丘頂農莊

U我們走上石階，穿過禮品店並沿著一條長長的小徑往下走，左邊是圍著柵欄和樹離的金鳳花草原，但我還是沒看到建築物，喬頂了我的肩膀一下然後指著前方；這簡直是一幅畫，樹蔭下的草地有兩隻小兔子在吃草，周圍有一小群白綿羊，再向遠方望去，農莊和樹林隨著丘陵地形盡收眼底。讓我的心有如止水。

S小路兩旁有農舍花園，一團團古老花藤相互纏繞：綿毛水蘇、薄荷和大黃、玫瑰、勿忘我、荷包牡丹以及紫籐。

我緩緩走著，仔細欣賞這幅景象，石板小路的盡頭就是波特小姐的住家，現在看起來就非常顯眼了……「我所住過最近乎完美的小屋」，波特小姐如此形容這座建築。

S17 世紀的兩層樓石灰色建築，如甜點般甜美，就和我想像中一樣——石板屋頂與高聳的煙囪，搭配墨綠色的窗框與門框，著名的前門廊爬滿粉紅玫瑰，也和全英國一樣掛著聯合傑克旗。

153

波特小姐買下房子的那一年，未婚夫病倒，並在訂婚後僅一個月便病逝。

　　她花了數年全心投入這座房子，這是她的寶貝、她的愛好、她的療癒之路，以及通往夢想未來的大門。

A 一座小屋 —— 屬於我的房子 —— 可遮風也可避雨。
　　　　♥ Padriac Colum 帕德萊克·柯倫 [2]

I 當我在花園圍牆四處觀望，看見窗台上的飾品時，我實在太興奮了，和我陳列在廚房水槽上方櫃子的小雕像一模一樣。

我瞄了一眼手錶：1:38。

「我一定要試著打造全新的開始。」波特小姐在買下丘頂後這麼寫。

　　房屋內禁止拍照，但我在皮夾裡放了一些紙，好畫下非記錄不可的事物，以下就是我的紀錄⋯⋯

A 「家中珍寶使我心滿溢幸福。」♥

我們穿過前門，先進入廚房參觀，波特小姐的草帽掛在鑄鐵爐旁，她的農用木屐則擺在紡車前方的地板，彷彿她才剛離開一樣。六個小房間內的所有物品都屬於波特小姐，不少對我來說都很熟悉，因為她經常把這些物品畫進書中。波特小姐悉心照料這座房子，並做了良好計畫；建築依規劃畫轉交給英國古蹟信託協會。波特小姐將丘頂整理成自己希望呈現給世人看到的樣貌，讓這裡成為她永恆的贈禮，她永垂不朽的作品。

我在各個房間作筆記並畫下這些小插圖，但你真的應該親自來這裡看看，參觀波特小姐以威廉·莫里斯(William Morris)[3]「雛菊」壁紙裝飾的臥房和她的兒時玩偶，以及和她一樣，透過同樣的鑲鉛玻璃向外看，感受她曾經沉醉其中的景色──使她靈感源源不絕的恬靜鄉村。我在房內停留了一會兒，畫下小巧的16世紀雕花胡桃木床，搭配波特小姐自己製作的刺繡帷幔。

「我有個美麗的梳妝台，擺上了一些瓷盤，我還收藏了幾張古色古香的椅子。」──畢翠克絲·波特

Notes: 備忘

B 波特小姐特別熱愛古老的手工製品，她的家具大多來自農場大拍賣和競標會，屋內有拋光

橡木層架、圓背椅和桃花心木桌，還有花紋茶杯與籃子，以及一個康乃馨茶壺配上粉紅皇冠蓋子。

迷人的綠白相間壁紙貼滿廚房牆壁與天花板，從大片窗戶透進的光線，照亮了樓梯轉角處的手繪古老落地鐘。

波特小姐每本「小書」的靈感，在丘頂隨處可見。

波特小姐稱作「藏寶室」的房間是她的娃娃屋，擺滿了未婚夫諾曼‧沃恩（Norman Warne）贈送的迷你家具模型。

丘頂農莊的裝飾反映出波特小姐對大自然、塑像、雕刻、繪畫和壁紙的熱愛，主題不外乎是鳥、狗、綿羊、馬、牛以及花。

沒有人催促我們往前走，事實上房屋內也不怎麼擁擠，我們在裡面待了兩個小時，和二樓大廳的協會導覽員汀妮開心的談話，她有雙藍眼睛，不僅大方分享她豐富的知識、解答我們的問題，更透露許多有趣的小細節。

汀妮為我們介紹波特小姐在倫敦的成長歷程和在丘頂的田野生活，她可說是著名的大自然科學家兼童書作家，她所豢養的珍貴品種賀德威克（Herdwick）綿羊甚至榮獲大獎。

當然，買下多座農場的資金全都來自她的著作，這麼做的目的是為了重建環境並避免土地開發，保護湖區的獨特生活方式。

倫敦的維多利亞與艾伯特博物館收藏了波特小姐的手寫日誌，年份是 1881-1897 年，日誌是以祕碼書寫！其中還包含原創的彼得兔字母！

如果我在更年輕時被發掘，就能成就任何想做的事。
　　——海倫·畢翠克絲·波特

B 波特小姐的鼓勵與支持對於成立英國古蹟信託協會有莫大貢獻，她四十七歲時嫁給威廉·希里斯（William Heelis），他又高又帥、是當地頗有聲譽的律師，負責協助波特小姐處理購買農場事宜，我認為協會把中央辦公室稱作「希里斯」十分貼心也很有紀念意義。

Time Line

畢翠克絲·波特年表
1866 年 7 月 28 日
出生於倫敦
1902-1922 年出版
「小書」
1905 年與諾曼·沃恩訂婚，僅僅 1 個月後諾曼患病去世

B 1905 年創立畢翠克絲·波特丘頂農場，位於近索里

S 1908 年認識威廉·希里斯
五年後，1913 年兩人結婚
1943 年 12 月 22 日波特小姐逝世，享年 77 歲
18 個月後，1945 年，威廉·希里斯心碎逝世

J 珍妮也建議了幾個我們可能有興趣參觀的景點：威廉·希里斯位在鷹岬（Hawkshead）的事務所，以及鄰近我們在安布賽德住處的阿米特（Armitt）博物館。

A 我至少走過每個房間六次，鉅細靡遺的查看屋內每一張舊圖片；我提出一個又一個問題解答心中所有疑惑，盡可能吸收這次體驗所帶來的每一絲靈感；我將每個小細節銘記在心，之後我們動身離開，走出前門面對閃耀的陽光瞇起雙眼。

B 我們沿著花園小徑往回走，一邊照相一邊聽著鳥鳴、聞著花香，然後前往禮品店，我買了一點小東西要放在我的彼得兔房 ★，我知道這次並不是結束，我一定會再來造訪。我還沒準備好要道別——看看我所站的地方，再想想我花了多久才來到這裡！如果這是最後一次來訪，要我離開大概會難上千萬倍。

157

我真慶幸喬喜歡英國的一切，也許波特小姐不算是他的興趣，但因為波特小姐是個浪漫、有歷史情懷又熱愛古董的英國水彩畫家，再加上她致力於維護自然環境，又住在如此怡人的小鎮與房子（還有因為他非常愛我），喬似乎也和我一樣參觀得非常開心。

CASTLE COTTAGE
城堡小屋

我和喬手勾著手漫步穿過小村莊——偶爾停下腳步拍攝郵局草原另一端的房舍，其中最特別的是山丘上的城堡小屋（Castle Cottage），波特小姐和威廉就是在那裡度過三十年的幸福時光——你可以在圖片裡看到建築物的樣子——我拍照時還不曉得那裡就是他們的住所，不過你看！

← 那座房子是不是閃閃發亮？

近索里

W 我們經過小酒館Tower Bank Arms花團錦簇的窗格，這裡是母鴨潔瑪（Jemima Puddleduck）[4]許多年前搖搖晃晃走過的地方。穿過林蔭，到達索里列墅酒店（Sawrey House Hotel）；我們坐在戶外石造露台的桌前，沐浴在陽光中享用午餐，一邊看著花園裡的兔寶寶咀嚼葉子。喬看了看地圖，指著埃斯韋特湖（Esthwaite Water）的盡頭，告訴我Tilberwaite山在哪裡，一直到最遠朗戴爾峰（Langdale Pikes）的位置。

我們非常敬佩那位建造石牆的勤勞古人，他建了這座石牆圍住羊群，雖然現在牆面因為老舊而彎曲傾斜，但仍屹立不搖，這座牆將繼續佇立於山頂之上。

兔寶寶在灌木叢裡

There are places I'll remember all my life...

有些地方，我會一輩子銘記在心……

想像：正在畫畫的波特小姐與愛犬凱普。

If you can dream it, you can make it so.

有夢想，就能實現。

紀念畢翠克絲・波特、埃倫・泰瑞、凡妮莎・貝爾、薇塔和
哈洛、瑞秋的後院，以及英國各處街道滿是花藍的村莊……

COTTAGE GARDENS

農莊花園

There is joy in the Spring, when the birds begin to sing, in an English Country garden.

鳥兒在英式鄉村花園啼唱，春季充滿喜悅。

位於坦特登的花園

英國鄉村處處可見農莊花園，我們每天一定都會經過或穿過一些
花園。色彩鮮艷、古老的品種如鬱金香、蜀葵花和香豌豆恣意生長，
與香水天竺葵、草莓和蝦夷蔥混生，這些植物爬過圍牆、布滿小徑，從
前院探出頭，又沿著放牧草原邊界生長；水果、植物、香草和花朵以及自
然長出的毛地黃和香雪球等植物共存，創造出小小的居家天堂。花園，實
用又美觀，顯然是滿足居家最重要的兩件事。

160

精靈魔法在大自然中閃耀。♥ 琳恩・荷蘭 (Lynn Holland)[5]

農村花園各部分都是由自然素材製作而成，木製長凳、鳥浴池、草製蜂巢、供豆藤攀爬的樹枝帳蓬、藤椅、草帽、擺放鮮花的淺底木藍、鳥屋以及日晷；柵欄、石牆、棚架、花藤架、小徑及入口散發迷人又神祕的氣息。

打造誘人農莊花園的傳統花卉包含：香甜玫瑰、薰衣草、荷包牡丹、大波斯菊、鐵線蓮、荊芥、風鈴花、天藍繡球、勿忘我、翠雀、香豌豆、蜀葵、毛地黃、香水天竺葵，再搭配洋甘菊、薄荷和羅勒、草莓、胡椒、芝麻菜和番茄，還有一棵檸檬樹、蘋果樹，加上一些長青的圓形植物，就可以創造出安穩的氣氛，黃楊木或黃金側柏也都是不錯的選擇。

就是這種花園讓我有靈感打造自己的柵欄小花園☆，如此迷你的空間帶給我無盡樂趣——香氣、美感、滿足、平靜以及一點居家的自給自足；新鮮清脆的蔬菜端上桌，香草為菜單增添風味，鮮花放滿花瓶。煮菜的空檔我會拿著剪刀走進花園，在飛舞的蜜蜂、蝴蝶附近剪下一些蝦夷蔥、採收充滿陽光溫度的番茄，再摘點旱金蓮放在籃子裡，接著回到烤雞的香氣中，一邊哼著：「這就是愛的故事、愛的榮耀」[6]。

翠綠的生命在成長，
翠綠的生命在成長，
翠綠生命的淡淡甜美
香氣在成長。[7]

♥ DINAH MULOCK CRAIK
狄那・慕洛克・柯瑞可

161

尋找到這本古老
的手寫導覽手冊

公共步道資源豐富

如畫作般美麗

格拉斯米爾的薑餅店，1854年營業至今

開心的

露營遊客

在鴿屋 Dove
Cottage 作筆
記 ➡

6月7日，星期四，上午7:00

J雨已經下了兩天——不過你知道的，我們風雨無阻。瑞秋跟我
們說千萬別錯過★ Sarah Nelson's Bakery 有名的薑餅，烘焙店
就在格拉斯米爾這座風景如畫的小鎮，薑餅非常美味，順口、有嚼勁又
帶點辣味，我們在車程中大快朵頤，我覺得秘方應該是糖漬薑塊或葡萄
柚皮，喬則覺得是黑胡椒。

W我們繞了繞四周欣賞風景，逛了幾間商店，在酒館的壁爐前看書，
接著去參觀威廉·華茲華斯位在瑞德山（Rydal Mount）★的故居。
離開後前往 Moss Eccles 湖★，夏季夜晚，波特小姐和威廉會在這座小
湖上划船（威廉釣魚，波特小姐畫畫），她買下這座湖之後在湖面種滿
睡蓮（最後也轉交給英國古蹟信託協會）。

W CORONATION CHICKEN
我們在 Glass House 餐廳（就在公寓那條街上走到盡頭）點了加
冕雞（Coronation Chicken）——聽說這是伊莉莎白女王 1953 年加冕午餐
的菜色，所以一定要嚐嚐看；這道菜非常適合英式午茶派對，搭配了大
量的波士頓萵苣葉，份量可以依人數調整，不過基本上需要 2-3 杯的雞
肉丁，加上紅洋蔥碎末、西洋芹碎末、1/4 杯（或根據口味調整）印度式
芒果甜酸醬（Chutney）、半茶匙咖哩（一樣根據口味調整）以
及核果（烘烤過的松子或碎腰果都可以）。

O在另一個碗中放入適量美乃滋，要用來裹滿雞
肉，先拌入 1 至 2 顆的萊姆皮，讓醬汁變得順口，
再加入鹽和新鮮研磨的胡椒，把醬汁倒在雞肉上並
混合均勻，最後等待冷卻。料理中可以放入切半的酪
梨，會非常美味，我覺得搭配葡萄、蘋果丁或葡萄乾
也很好吃。

163

負責看地圖的男人

←EASEDALE TARN
KESWICK→

好找到更多可以
塞滿行李箱的
好東西了！

當地商店賣的美妙果醬

開車在附近閒晃所看到的景色大多是如此

164

6月7日，星期四（續）

之後，我們到對街參觀阿米特圖書館暨博物館 ✽ ，了解當地歷史並觀賞波特小姐贈予的大量水彩作品：在埃斯韋特湖一帶畫下的化石、菌類植物和苔蘚。

喬在禮品店找到一本很棒的老書，內容是關於湖區的丘陵與山崗，而我則買了一個美麗的手作陶瓷蘑菇，外型仿製波特小姐的水彩作品，這是屬於彼得兔房的寶藏；我還買了一本名叫《認識綿羊》（Know Your Sheep）的書，顯然綿羊的品種和花卉一樣繁多，不過所有品種都非常可愛。（現在我最想做的事就是畫綿羊。）

和圖書館的女職員談話後，我了解到波特小姐拒絕在房子裡裝設電器（只有在農舍裡為了動物而設置），她只使用煤氣燈、爐火和燭光。

不論晴或雨，我們今天要回到丘頂，前次造訪是上星期六，再加上丘頂星期五公休，所以今天必須再去一趟。GO

Later 稍後晚上 8 點──回到桌前，今天一天都在下雨，不過就像當地口頭禪說的，「別擔心」，我們要出發前往鴿屋

DOVE ✽ COTTAGE

這座怡人的房屋是華茲華斯的第一處住所，他 1800 至 1808 年的「代表作」就是在這裡完成。

WORDSWORTH STREET
FORMERLY LEATHER.RAG & PUTTY STREET

華茲華斯是維多利亞女王時代的桂冠詩人，他對於寫作的最衷心建議是：「用心靈的氣息填滿紙張」以及「想要開始，就立刻開始。」他的住所不大，可能建於1600年代初期，地板由板石鋪成，每個房間都有小型壁爐，鉛條窗格是迷你鑽石狀，還有許多有趣的小角落——有個房間的壁紙全是1800年代的報紙。通往二樓的通道有點狹窄，喬必須低下頭才能通過低矮的天花板和門口；廚房是深色木質牆面，其餘部分都粉刷成白色（真可愛，我好想裝飾這間廚房）。從後花園可以俯瞰迷人的石板屋頂，我們沿著濕漉漉又凹凸不平的小徑爬上最高點，眺望陰雨綿綿的景色，空氣中飄盪著燃燒木頭的煙味。房屋內有位可愛的導覽人員，對於這裡曾居住的知名人士瞭若指掌，幾乎到了八卦的地步。太迷人了，——我給鴿屋四個大拇指，能參觀這裡真是榮幸。

接著，要進行未完成的旅行，回到丘頂

Hill Top

因為童話故事永遠看不膩

我想知道房屋門口的玫瑰花是什麼品種，另外，我上次沒有買特殊編號的第一本限量版彼得兔，這是波特小姐自行出版的書；位在長長花園步道尾端的丘頂農莊禮品店，是整個英國北部、跨過大西洋、全世界唯一有販賣這本書的商店，但那天我還是放棄了買書的機會，我到底在想什麼？（我有時候真的被自己嚇傻了。）

雨仍然下個不停，入口處附近也
沒有可停車的位置，所以喬讓我
獨自下車，我衝過草地、閃過水窪、
接著通過大門，進入幾乎空無一人的
禮品店，終於買到我的小書（我買了
兩本，一本要送給部落格上的女性好
友★。）店員把書放進袋子裡，我戴著雨衣帽子試圖看清楚外頭，

接著把珍貴的書本、相機、皮夾、雨傘一一擺好，確定所
有東西都不會淋濕，我踩在通往房屋的小徑，濺起了水
花，大雨似乎讓遊客興致大減，在我視線可及之處，波
特小姐的花
園裡只有
我一人。

接近房屋後，我
發現了一條上次
沒看見的小路，是主步道
延伸出的岔路，彎進一座
老舊磚牆上的綠門，我緩
緩打開門，深切希望自己

不會走進不該去的地方，我瞄了一眼，看見小路從門另一側繼續延伸，
我得稍微彎下腰才能通過，因為低垂又滿是雨水
的紫丁香不停往雨傘上灑下大量雨滴；我發現自
己來到了圍牆內的廚房花園，我上次在房屋前透
過大門有看過這裡，但現在我真的身在其中，站
在綠意盎然的步道上，步道穿過自製的胡桃木棚

架,爬滿一條條的豆類藤蔓,整齊的土堆種滿各式各樣的萵苣,還有種植大黃和草莓的一小塊土地。花園圍牆是以六呎高的石材和磚塊砌成,邊緣長滿紫丁香,牆上有個凹槽(「蜂槽」,bee bole),波特小姐將白色蜂箱擺在裡面,從屋內無法看見(這也是為什麼上次我漏看了)。我用雨傘把手勾住下顎,然後用下巴固定住把手,試著在拍照時讓雨傘高過頭部。(實際上做起來比聽起來還難。)

Thank goodness I was never sent to school; it would have rubbed off some of the originality

感謝老天,我從沒上過學;學校會剝奪我某部分的創意。

畢翠克絲·波特

我離開花園並回到房子裡,玫瑰散發濃郁而豐富的香氣,幾乎和大衛·奧斯汀(David Austinish)玫瑰 [8] 一樣 ☆。站在門邊的年輕女性跟我說,這些蔓生玫瑰是古老的無名品種。

我覺得該離開了,喬大概在猜想我跑到哪裡去了,我沿著小徑往回走,沿路低垂的多年生植物因為雨滴重量而彎曲,突然一個念頭進入腦海:*你應該要摘朵花。*

N不對！真的嗎？我該這麼做嗎？剎那間我懂了，我一定得摘朵花，因為快速衡量利弊之後，顯然我需要一朵真正來自波特小姐的花，好做

成壓花放進我的書裡，相較之下，我沒那麼在乎被抓進近索里鎮立監獄的機率；不過我很小心，我可不想讓美國人留下壞名聲，首先要探查一下四周。（也許我有犯罪傾向——喬絕對不會這麼做！）

N小徑前方沒有人，後方也沒人，所以我踩進花床，伸手穿過濕漉漉的山梅花和攀緣而上的忍冬，儘管我穿著黃色雨衣還拿著紅格子傘，我還是試圖假裝自己是隱形人，像切蛋糕一樣用大拇指指甲切斷玫瑰的莖，我摘了兩朵玫瑰，打算夾在剛才買的兩本書裡，又摘了一朵紫色鳶尾花，準備放進我的日誌中。

I我小心翼翼把濕淋淋的花輕輕塞進雨衣口袋，趕在有人說「不好意思」（英國人實在太有禮貌了），「需要拉你一把從花叢裡出來嗎？」之前，若無其事的離開，我唯一留下的證據是一串泥巴腳印，很快就會被連續大雨沖刷得無影無蹤。

I我覺得應該不用再回去房屋內參觀了，因為房子裡的一切已經深深烙印在我的心中，我知道，當某一天我的雙腳已不聽使喚，雙腿再也去不了任何地方，我還是會記得，由波特小姐臥房的波浪型玻璃窗看出去，那片翠綠的山丘、雨的氣味、綿羊的咩咩叫，

6月7日，星期四（續）

以及我有多麼幸運，可以獨自沉醉於波特小姐的農莊花園，這些小花（和這本日誌）就是我和這裡僅有的恆久連結。

像上次離開一樣，我輕輕推了掛在綠色大門上的門閂，轉身就看到我親愛的司機兼伴侶，外面下著雨，他坐在對街的車裡耐心等待，一邊看著報紙，我暫時停下腳步，再次眺望郵局草原對面的城堡小屋，波特小姐和威廉就是在那裡共度餘生，我深吸一口稀薄的空氣，喬側過身幫我開車門。「你沒事吧？」他盯著我的臉問。「沒事。」我一邊回答一邊收傘，在坐進車前把雨水甩掉。

「噢，這裡真是太美了，不知道我為什麼會哭。你看，我拿

A REAL BEATRIX POTTER FLOWER
一朵真正來自波特小姐的花

· 170 ·

到了這個！」

我從口袋裡拿出花，放在儀表板上晾乾。喬放進一片 CD，接著佛雷‧亞斯坦開始唱著：「這豈不是美好的一天（即使淋著大雨）……。」♪

隨著雨刷飛快刷動，我們開著車緩緩穿過小村莊，離開丘頂。

「你沒事吧？」他盯著我的臉問。

「沒事。」我一邊回答一邊收傘，

Last breath of sweets is the sweetest last. ♥ 畢翠克絲‧波特

甜點的最後一抹香氣是最甜美的餘味。

To HAWKSHEAD ☆ 前往鷹岬

✖ 希里斯事務所、畢翠克絲‧波特博物館與藝廊

鷹岬距離丘頂只有幾英哩遠，就位在環繞埃斯韋特湖的窄路上，在眾多湖泊之中，埃斯韋特湖的規模最小，卻是波特小姐最常划船遊湖的地方，也是威廉悲傷欲絕那天撒下她骨灰的地方，使她永遠成為所愛事物的一部分。

我們在雨中疾駛，輪胎經過路面濺起水花；一排排青綠苔蘚沿著石牆邊緣生長；峨參和金鳳花在我們呼嘯而過時彎下。我們打算參觀威廉‧希里斯（William Heelis）的法律事務所，不過被告知還要等一個小時才能進去，於是剛好有了一些時間到處探險。

N

‧6月7日‧星期四（續）‧
下次造訪英國我想住在鷹岬，這裡充滿古老氣息（10世紀），彷彿走入過往時光，漫步在迷人白色建築物之間的古雅窄巷（交錯掛滿一排又一排的旗幟），懸吊的花籃盛滿天竺葵，每處牆縫都是個生意盎然的迷你花園。

WOO 有座英國村莊，小小的，
在那裡每間小屋都有刷白的牆面，
每座花園都有迷人的薔薇棚籬，
而各處窗台都有隻貓在休息。♥ *E.V. Lucas* E. V. 盧卡斯[9]

N 我們踏進這座由法律事務所改建為藝廊的 17 世紀建築，終於明白為什麼要等這麼久，屋內空間不僅非常小，還因為老舊而傾斜，就像古老故事書裡老祖母的舊房子。低矮的天花板與牆面漆上層層油漆，由厚重的橡木材支撐；彎彎曲曲的長廊、歪斜的樓梯平台、小小的房間裡小小的窗戶、矮門以及高高低低的地板：非常適合刺蝟居住。這裡展出許多波特小姐的親筆信件、插畫和畫作，還有說明這些辦公室如何搖身一變成為波特小姐書中的水彩畫。

A 梢晚，我們前往附近的酒館，坐在爐火邊享用熱呼呼美味的燉牛肉馬鈴薯，配上濃郁的肉汁，一邊看著大雨打在窗上。

172

我們邊走回停車處邊逛街，走進一家叫做 Stewardson's 的商店，專賣超級舒適的防寒登山衣物：厚實、手工針織的毛衣以當地綿羊毛製成；木製登山杖、扎實的棕色花呢長褲、平滑光澤的雨衣、結實耐用的短靴以及各種顏色的雨靴，還有 OLNEY ✿ 公司出產的超可愛冬帽（好吧，第二頂好像沒那麼好看！）應付惡劣天氣所需的一切都在這裡。

6月8日，星期五，上午6:15

明天一早就要動身離開——今天是我們待在安布賽德的最後一天，而且猜猜怎麼了？雨還是下個不停。不過我們還是該心懷感激，因為英國有些地區風速可是高達每小時 70 英哩，這裡只是烏雲密布一片灰暗而已，這個星期只有一天是晴天——造訪丘頂的那天，從那之後我們就再也沒看過藍天了——好在人不用看見好事就能心存感恩。

我找到了最棒的削鉛筆機

我把波特小姐花園的花夾用紙巾夾住，然後壓在 HELLO 雜誌裡。現在我要把茶端給裔，接著得開始打包了。我完全不曉得今天該去哪裡。

RAIN, RAIN, GO AWAY...
雨呀，雨呀，走開吧……¹⁰

我已經想不起來上次晴天是什麼時候了。和所有雨季主題小說的角色一樣，我整天東奔西跑做著徒勞無功的事，灌下一杯又一杯純威士忌，一邊抱怨：「雨！下雨了！我的天啊，又下雨了！」
——貝蒂‧麥唐諾（Betty MacDonald）[11]

Later 稍晚，

6月8日，星期五，晚上8點　現在還是下著雨，但我們今天完成了史上最美好的旅程；壞天氣把我們困在室內，可是我們也不想只是開車到處晃晃、在酒館喝喝坐坐，或是參觀另一棟老房子——我們想要徜徉在大自然中，所以去了一趟渡船碼頭，看看有沒有機會坐船。

我想這裡通常會擠滿來度假的遊客，但因為這場傾盆大雨，現在的碼頭彷彿遭遺棄一般，大量的船停靠在岸邊，有各種大小，也有古老優美的木製載客渡船。

WINDERMERE
溫德米爾

這些渡船航班全年無休全天運行，將乘客從安布賽德載往湖畔其他村莊。我們買了下一班出發的船票，不論目的地是哪裡，反正我們不打算下船，只是想搭船體驗——感受水上航行的氣氛。等待開船時，我們在咖啡餐車外帶了咖啡加上一點威士忌——完全合法。（而且這有

保暖和提神的療效，再加
上現在可是「雨！又下雨
了！」）

O渡船已經停靠在碼頭，
於是我們在昏暗的天色上
船，只有另外兩位乘客同
行。船上有個內艙，其中設
有長凳和許多窗戶，不過戶外實在狂野得美麗，所以我們決定待在外頭，
站在駕駛室旁的船頂下，一邊和船長聊天，一邊在遮雨處享受美景和帶
有冷雨氣味的微風。緞帶一樣的黑色汙水從船頭下捲上水面，點點雨滴
則在水面上形成一圈圈、層層疊疊的連漪，我們橫越湖泊向彼岸全速前
進。船長對著不停變化的風景揮手，要我們欣賞眼前充滿野性氣息的鄉
村景色，杜鵑花——古銅色山毛櫸——落葉松——樺木點綴的樹林，以
及波特小姐捐贈給英國古蹟信託協會的整片草原。

K 與自然之心保持親近，
偶爾洗滌一下你的靈魂。 John Muir 約翰・繆爾[12]

從船長的言談間聽起來，當地人對波特小姐喜愛有加，彷彿她還生活在這裡一樣，不過話說回來，有什麼不喜歡波特小姐的理由嗎？她留給這個國家的美好禮物有十四座營運中的農莊，外加四千英畝的湖區土地，全都保持未開發且永久開放。

T 船沿著湖岸線航行，可以看見羊群在綿延至湖面的草原上吃草，大樹的枝葉低垂，在水面上留下陣陣痕跡。隨著引擎突突聲我們經過鳥類保護區，白鵝、天鵝、鴨子、水雉和小辮鴴都聚集在此；一隻大白鷺飛過，和陰暗的天空形成對比，牠展翅高飛，細瘦的雙腿和雙足在空中擺動；各種鳥類或划行於水面，或直立不動，或翱翔天際，也有些盡情游水或俯衝而下準備落地。以深綠色的湖岸線為背景，這裡彷彿一座白色的野生動物園。

A在時間靜止的草原和翠綠牧草的盡頭，藏有兔子窩、覆滿苔蘚的橡木，還有山楂樹和青蛙「滑溜潮濕」（slippy sloppy）[13]的住處，充滿樹木氣息的風吹過綠葉之間，環繞於蔓延山腰的灰色嵐氣旁，捲起一陣薄霧，使得遠方森林邊界一片朦朧。

I一定是雨天的關係，讓這片景色如此飄渺，彷彿人間仙境，展翅的大白鷺也同樣迷人。圖片中的建築是雷氏城堡（Wray Castle），1882年波特小姐和家人第一次來到湖區就是在這裡，當年她十六歲——你可以想像她在湖畔探險，然後跑上草原到城堡裡喝茶嗎？在我腦中也一樣栩栩如生。

一個多小時內我們沿湖靠岸，停泊在各個小碼頭好讓乘客上下船。這趟旅程太完美了，可以大口呼吸新鮮空氣，和大自然親密交流，好像再度回到年少時光。

大約下午五點，我們冒著雨從碼頭跑到對街的 Waterhead Hotel，✦ 這是一間古老而優雅的飯店，我們邊把身上的水甩掉邊走進門，門牌上寫著：「酒館與烤肉」，坐在可以觀賞湖景的桌位，我暗自猜想：波特小姐和威廉住在近索里時，這棟建築就已經存在了，他們有來過這裡嗎？我也不知道。

我們點了一壺熱茶和馬鈴薯湯撒上美味至極、油炸酥脆的韭蔥，還有一份酪梨培根沙拉，我拿出毛線和日誌，喬則拿出地圖。我先離開座位去洗手，猜猜看他們在洗手間放了什麼？你絕對猜不到。

音響播放的不是音樂，而是茱蒂·丹契朗讀《彼得兔》的錄音，她精準而優雅的口音配上恰到好處的語調：「大耳朵、毛毛球和棉棉尾巴是乖巧的小兔子，牠們沿著小路直直向前走，要去採集黑莓，但是彼得（英國腔要念 Pe-tah）非常頑皮（nawh-tee）……」飯店的洗手間裡有童書，未免太周到了吧？我問酒保洗手間是不是一直都播放錄音，他說：「沒錯！」後來喬去了洗手間，男士洗手間也有。

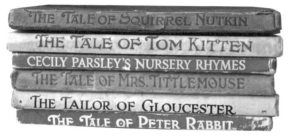

我真是太喜歡這些可愛的英國人了！除了他們，誰會這麼做？完全想像不到。

我認為英國就是迷人的集散地，無論人、建築、傳統、花園、書籍或節慶活動都非常迷人，英國人還有像「超棒」（jolly good）和「怪怪的」（dodgy）等用語。如果有場全球迷人大賽，一定會很有趣，因為英國「自然而然」就擁有這種迷人特質，完全不需要假裝；不曉得真的辦起比賽會如何，一定是到處都掛滿彩旗！

英國讓我想起 Swiss Miss 即溶可可粉包裝上的廣告詞：

「像壁爐旁裹著毯子的一籃小貓咪。」

那麼，到此為止；雖然有點趕，但明天我們就要出發，離開這座充滿魔法與童話，還有兔子穿著小藍外套的城鎮。也許我們下次該試著找一間湖上小屋（要有壁爐！）待上三個星期，度過非常寧靜的時光，還要搭很多趟渡船；也許在滿天星斗和月光下划船，在丘陵和山谷間漫步；也許在這裡生活一輩子。

How did it get so late so soon? Dr. Seuss

為什麼一下子就這麼晚了？——蘇斯博士[14]

Ideas for Music

選擇 好音樂

搭配
英國景色
英國車可以播放
美國 CD。

薇拉‧琳恩（Vera Lynn）是必備選
擇！

約夏‧貝爾（Joshua Bell）的小提
琴專輯

喬‧斯塔福德（Jo Stafford）

「雨中的九月」（September in the
Rain）

平‧克勞斯貝（Being Crosby）

「茵尼斯弗利島」（Isle of Innisfree）

法國咖啡香頌集

安德烈‧波伽利（Andrea Boccelli）
浪漫曲

「告別阿修肯」（Ashokan Farewell）
（搭配谷地景點）

艾狄絲‧皮雅芙（Edith Piaf）

「玫瑰人生」（La Vie en Rose）

法蘭克‧辛納屈（Frank Sinatra）

與托米‧多西（Tommy Dorsey）

「普契尼蝴蝶夫人」（Madame
Butterfly Puccini）

I 如果你有幸運物，
一定要隨身攜帶，
任何能幫上忙的東西
都別漏掉。♥

The LAKE DISTRICT

我們造訪過的湖區地方

WHERE WE WENT

往蘇格蘭愛丁堡
146 英哩
3 小時
從安布賽德出
發……
往倫敦
274 英哩
4.5 小時

往約克郡谷地
從 A591 到
A684 公路

Explore 探索

1. 溫德米爾
　　──我們的乘船之旅
2. 安布賽德
　阿米特博物館
3. 近索里的丘頂
4. Moss Eccles 湖

5. 格拉斯米爾薑餅店
6. 瑞德山
7. 鴿屋
8. 鷹岬
　希里斯事務所
9. 埃斯韋特湖
10. 雷氏城堡

By Car 行車時間~

安布賽德至丘頂：7.3 英哩，18 分鐘
丘頂至鷹岬：2 英哩
安布賽德至格拉斯米爾：4.6 英哩

G 買本介紹當地小路的書。♥愉快的車程：開到格拉斯米爾時，
跟著寫有 Elterwater 或 Skelwith 橋的標誌走就對了。

180

J 6月9日，星期六，上午6點，安布賽德

T 今天我們往東橫越約克郡（英國腔要念 Yowk-sha）谷地，不過谷地（Dale）到底是什麼？我也有相同的問題。這一帶的地形名稱都很特殊——例如 "fell" 指的是丘陵或山地。喬在阿米特博物館買了一本關於當地地名的書，裡面的說明如下：英國此區在 9 世紀時屬於維京人的領土，因此我們經常聽到一些流傳下來古諾爾斯語，例如："dale" 是山谷；"mere"（像是溫德米爾）表示湖泊；"beck" 是小溪；"tarn" 指小型湖泊；"pike" 則是山峰。附近有座丘陵叫做 Elfhowe—— "Elf" 在古英文裡指的是精靈或小妖精（顯然他們真的存在，我就知道），而 "howe" 是山丘的意思；"ling" 用來形容長滿石南花，所以名為 "Ling Fell" 的地方就是石南花遍布的山地。

E 每個孩子都記得自己曾把頭探近草叢中，發現其中微小至極的一片森林，並看著森林因妖精大軍茁壯而變得擁擠。——羅伯特·路易斯·史蒂文森（Robt. Louis Stevenson）

O 吉米·哈利（James Herriot）的《大地之歌》（All Creatures Great & Small）是我很喜歡的書，★書中背景就是在約克郡谷地；吉米·哈利的本名是艾爾菲德·懷特（Alfred Wight），他在書裡記錄自己於 1930-1940 年代的鄉村獸醫生涯，並將這本書稱為他的「小貓小狗故事集」。不過內容可不只如此，他對於約克郡的描寫非常生動，讓我想親自來到這裡看看」。雖然吉米·哈利沒有留下可供參觀的建築，但也許我們可以在泰爾斯克鎮（Thirsk）（在書中化名為德祿鎮，Darrowby）停留一下，也就是他開設獸醫診所的地方。

J 他們找不到我現在的住處，因為我絕口不提。
——吉米·哈利

BOOKS YOU WILL LOVE
推薦書單

順道一提，我想簡短分享我的愛書清單，也許可以讓你的英國之旅更加豐富，其中包括珍·奧斯汀的《傲慢與偏見》（Pride & Prejudice）（我們計畫在幾週內造訪她的住處！）、芭芭拉·皮姆（Barbara Pym）的 Excellent Woman 和 A Quartet in Autumn、E.M. 福

斯特（E.M. Forster）的《此情可問天》（Howards End）和《窗外有藍天》（A Room With a View）、伊莉莎白·馮亞寧（Elizabeth von Arnim）的《情迷四月天》（Enchanted April）和《伊莉莎白和她的德國花園》（Elizabeth and Her German Garden）、海倫·菲爾丁（Helen Fielding）的《B.J.的單身日記》（Bridget Jones Diary）、史黛拉·吉本思（Stella Gibbons）的 Cold Comfort Farm、夏綠蒂·勃朗特（Charlotte Bronte）的《簡愛》（Jane Eyre），當然還有吉米·哈利的《大地之歌》。其實這份書單可以一直列下去，不過以上幾本就足以讓旅程有個很棒的開始，如果你都讀過，那就萬事俱全了。（我在英國學到的另一個新字是 "tickety boo"，這可不是古諾爾斯語，表示很好、絕妙之意。）

稍晚，6月9日星期六，晚上11點（續）

A day in the car in an English county is like a day in some fairy museum where all the exhibits are alive & real. ♥ Rudyard Kipling

在英國鄉村兜風一日，有如在奇幻博物館欣賞生機蓬勃的展覽。——吉卜齡

這句話說得沒錯！我們一整天都在進行奇幻博物館之旅，而現在，我蜷縮在石牆之城約克的飯店沙發上，時間不早了，喬正在看電視，我想記錄一下今天的旅程，趁著一切都還記憶猶新。有時候不知道目的地在哪裡，或是不曉得會發現什麼，就不容易準確的預留時間，我們在湖區時就是如此，現在到了約克郡谷地也是一樣。在陷入安布賽德的魅力並經歷道別的心痛後，我們驚訝的發現，不過幾英哩的距離，我們已經來到一個全然不同的地域，並且又一次愛上這裡。

YORKSHIRE DALES

約克郡谷地

我不曉得能不能好好描述這裡的景色，因為就像這些圖片中的美景一樣，根本筆墨難以形容——其中的魔力可沒那麼容易掌握。

兩旁開滿野花的道路

約克郡谷地由一連串深邃的河谷組成，是冰河時期遺留下的痕跡，帶有一股原始的氣息。我想如果你在 1756 年來過這裡走走，現在再度回到這裡，風景大概也不會有什麼不同。

壯觀的景色綿延數英哩，遠方小如灰點的石造房屋點綴在山腰上，有些生長旺盛的樹木從農舍與殘破的附屬建築中冒出頭。草原彷彿經過修剪的公園草坪，布滿盛開的金鳳花，零星的牧場動物在其中盡情吃草，石牆將草原一分為二，與山坡交錯後消失在丘陵後方，如同一大片拼布上的鏈狀縫線。

貫穿約克郡谷地的窄路兩旁開滿及肩高的野花，五月花與峨參懸掛在乾砌石牆兩側，壓滿輪胎痕的兩線道以中間的青草為界，將田野切割成一塊塊，灌木樹籬則沿著河岸排列，小村莊和農舍的毛地黃從前院探出頭、蔓延至路邊；現在我們正排隊等著越過單線道的石造拱橋。

6月9日，星期六（續）

在旅途中我們經常暫時熄火並走下車，靠在草原旁的牆上，欣賞搖曳的野花和蹦蹦跳跳的小羊，聆聽沉默的大自然，嗅聞徐徐微風，並眺望寬闊的景色，看見這樣的風景簡直令人心跳加速。

英國具有悠久的歷史與魔幻的氣息，土地與森林因倖存於片段歷史的意義而茁壯厚實，是個充滿想像力的國度。

♥ T.S. ELIOT 艾略特

「想像力的國度」

現在天氣和我們在船上時差不多，幾英哩遠處可見暴風雨逼近，黑雲從山谷翻滾而來，用暴雨浸透所到之處，瞬間風雨又離去，留下一片藍天白雲。

MIDDLEHAM
Castle 宓德罕城堡

我們選擇走 A684 公路穿過谷地，一看到宓德罕的路標就往右轉，因為在溫德米爾賣咖啡的男子建議我

184

們這樣走，而他的建議沒錯。當我們過河時穿過一整排有垛口（ЩЩ）的石門，我就知道這裡一定非常特別；資料顯示這裡的住民歷史最早可追溯至西元 69 年。

過橋後我們開上山丘，鎮中心有幾間酒館和為數不少的旗幟及花園，我們在附近閒逛，停下腳步欣賞 Black Swan 酒館的木雕招牌時，發現一面聯合傑克旗在城鎮上空飄揚，固定在某個看起來像巨大棋盤的建築上，殘破的城堡遺跡刻劃出鋸齒狀的天際線，原來是城堡遺跡！城堡位在丘陵高處，轉個彎就到了，於是我們立刻出發，穿過一個小街坊，藍色美洲茶花布滿石牆，粉色玫瑰低垂門前，還有隻白色小貓透過窗戶盯著我們。

城堡遺跡！

我們走吧！→

我們來到這座 12 世紀的城堡，據說是理查三世（Richard III）的兒時住處。密德罕城堡座落在一片雛菊田中，優雅的┗毛地黃在斷垣殘壁上蔓延，城堡附近的鄉村景色十分動人，當地人還說這裡鬧鬼，真是太有趣了！如果你來到這裡，應該要留點時間走上城堡旁的長長走道，然後在酒館嚐一嚐著名的文斯勒德（Wensleydale）起司和桃子西打。

N.D.A.*

Looking down into the "Great Hall"

俯瞰「大廳」

沿路繼續往前走，我們停在一座小農舍前拍照，接著又回到車上，途中間話家常時，我們突然發現自己捲入了罕見事件中。喬往前傾盯著後照鏡，然後咒罵：

「哦糟糕！搞什麼鬼啊！」

我忍不住笑出聲，因為他通常不會這樣講話。

「怎麼了？」

「我把相機鏡頭放在車頂上忘了拿下來，我剛才看到它飛出去了！」

「你確定嗎？」

「很確定──我把鏡頭放在那個小防撞包裡，我得掉頭才行。」

但我們無法立刻迴轉，這條路太窄又太彎了，於是我們又開了幾英哩，才找到適合迴轉的地方。此時，數十輛汽車從我們旁邊呼嘯而過，朝著鏡頭的方向駛去，鏡頭一定已經被壓成碎片了，光是從車頂掉下去就會讓它完蛋。當我們終於完成迴轉，下定決心直走的GPS小姐認定我們正開往災難之路，並出聲告誡：「左轉！左轉！」

我們繼續往回開，繞過彎道、檢查路面，最後終於看到鏡頭了：兩線道中間有一小團不規則狀的黑色物體。不過我們再度面臨同樣的困境，處在兩邊都有石牆的轉彎處，根本沒有空間停車並撿起鏡頭，於是我們又往前開了幾英哩再次迴轉（今天真是難為了GPS小姐）。現在我們絞盡腦汁想辦法讓喬開往路中間，同時要小心車輛對撞，又要分心注意鏡頭，車子繼續往前開，由我打開車門，身體向外傾，試圖由

*N.D.A.，這裡可不是唐頓莊園。

186

門縫間往下看清楚，從路中間把鏡頭撈起來⋯⋯這就是整件事的過程，我們成功了！而且鏡頭除了邊框有點銀色凹痕之外，其他都完好無缺！還是可以正常使用！真是太幸運啦！打開音樂，出發了。

L眺望整片谷地，我想起在瑪麗皇后2號上的天文館，以及自己在萬物間有多渺小──看著暴風雨籠罩小小的農莊和長長的石牆，讓我覺得我們在這裡所做的一切都是有意義的。

Y知道我在寫下這段話時明白了什麼嗎？今天我看到的所有東西都是手工製成！所有的農舍和穀倉、石牆、城堡以及整座宓德罕鎮，幾乎全是人工修建──在機器還尚未出現前。

M我的祖先於 1590 年出生在約克郡，是個紡織工人；如果他沒有移民美國，也許我會在這裡長大成人，作為家族世代的一分子，和其他當地人做一樣的工作，耕種土地、製作起司、修剪羊毛、收集雞蛋、種植蔬菜和花卉、維護樹籬；我的口頭禪可能會是「哎呀」（crikey），平時喜歡吃布丁，時不時去小湖游泳一下。

來自約克郡谷地的峨參

Cow Parsley from the Yorkshire Dales.

J人需要了解自己從何而來、我是誰、以及會成為什麼樣的人。──西元 956 年，約克大主教沃夫斯坦（Wulfstan）

187

James Herriot

吉米·哈利 1916 — 1995

不過這座山丘的確美不勝收，即使是在這種鄉下也常擠得水洩不通。當我小心翼
翼的探索其中，整個世界似乎都微不足道了。

——吉米·哈利

D駛進泰爾斯克鎮，很容易就能想像出吉米·哈利開車的畫面；
開著那輛沒有煞車的車，在冰冷的深夜沿著狹窄又泥濘的道
路前往谷地，照顧生病的農場動物，他在書裡描寫關於谷地的一切都是真
的——如他所說，這裡充滿野性的「誘人氣息」。

柯克蓋特（kirkgate）街尾就是吉米·哈利度過獸醫生涯的地方（即
使成為作家後仍住在這裡），他和妻子
在 1941 年的結婚地點附近有座哥德式大
教堂，雖然我們到達時已經來不及參觀獸
醫辦公室　　了，但能聽到教堂鐘聲迴盪
在他住過的街上，還是十分
動人，令人想起他是個多麼善
良的獸醫。

188

LOVED THIS OLD JUG ON THE MANTLE
IN BEATRIX POTTER'S BEDROOM

我喜歡這個擺在波特小姐臥房壁爐上的瓷罐

尤其是上面裝飾的詩句

♥

讓富人和權貴
打滾於榮華富貴之中
我並不羨慕，我很肯定。
我吃著自給自足的羊肉、
自給自足的雞肉和火腿，
我修剪羊毛並穿上身。
我有草原、有樹蔭，
我有水果、有鮮花，
而雲雀是我的早晨鬧鈴
所以好孩子聽好了，

這就是上帝庇佑農人的方式，
長壽 & 富足
敬農人。

♥

摘自 19 世紀鄉村民謠

189

YORK
約克

POPULATION
200,000
人口數
20,000

駛入約克市途中

早晨在鏗鏘的教堂鐘聲中醒來，我從窗戶向外探頭想看看附近的環境，我們的飯店就位在令人驚呼不已（是稱讚的意思）的約克大教堂正對面，約克大教堂可是英國數一數二的大教堂。這座令人讚嘆、迷人又美好的（手工打造）建築從 12 世紀便開始建造，歷時三百年才完成。今天是星期日，因此整座城市的居民都要上教堂，大教堂的鐘聲叮噹、叮噹響……

TINTINNABULATION.

（愛倫・坡［Edgar Allan Poe］創造了這個完美的字眼形容教堂鐘聲。）

於是我們趕緊梳妝完成，跑過街道進入教堂，參加英國國教會的主日禮拜；兒童合唱團天使般的歌聲迴盪在 96 英呎長的中殿，會眾也跟著合唱——我們的歌聲聽起來真美妙——

從飯店窗戶向外望的景色

管風琴持續伴奏，我們在想，1500 年時這
座教堂是什麼樣子。外面有根羅馬柱，西元
71 年時約克可是羅馬人的領地！你想像得
到嗎？兩千年前羅馬人從義大利一路來到這
裡，似乎是一趟艱辛的遠征，他們八成沒想
過波特小姐所說的：「……用家中珍寶溫暖我心。」

A禮拜結束後，我們到有名的肉砧街
（Shambles）走一走，這裡是全歐
洲保存最完整的中世紀街道之一。狹窄的鵝
卵石道路交錯成一座迷宮，看起來像是狄
更斯小說裡的場景，迷人的半木材半磚砌
房屋綿延街道，房屋後方的大教堂尖塔聳
立，彷彿閃閃發亮的蛋糕頂部裝飾。

W為什麼從來沒有人和我們聊
起約克？這個小城市令人沉
醉其中，如果我現在二十三歲，可能會
考慮住在這裡！每條街道上都有音樂家
表演——大教堂對面就有位彈鋼琴的

男士，正在演奏歌劇魅影的
《夜之樂章》（Music of the
Night），一邊聽著音樂，一
邊抬頭望向大教堂，我的興
致和聳立的塔樓一樣高昂。

THE Cotswolds
科茨沃爾德

N
W · E
S

海德科
Hidcote ·11

·10

7. 8 9

從拜伯里
往約克
3 又 1/2 小時
187 英哩

5. 6.

4

從拜伯里往巴斯
43 英哩，1 又 1/4 小時

拜伯里
BiBURY ·1

3. 2

從拜伯里往倫敦
2 小時，83 英哩

泰特伯里
Tetbury
·12

Ramble through
漫步走過

巴斯
Bath
·13

1. 拜伯里
2. 格洛斯特 (Kelmscott)
   威廉·莫里斯 (Wm. Morris)
3. 巴恩斯利屋 (Barnsley)
   羅斯瑪麗·華利花園
   (Rosemary Verey's Garden)

P 以下是上次來英國造訪過（而且我們非常喜歡）的景點

4. 位於上史勞特 (Upper Slaughter) 的
   君王酒店 (Lords of the Manor Hotel)
   我們在那裡享用下午茶。

5. 水上波頓 (Bourton-on-the-Water)
   附近有座迷你村！

6. 沃德上斯托
   (Stow-on-the Wold)
7. 白毛匯
8. 雪丘 (Snowshill) 屋與花園
9. 令人屏息的薰衣草花田！
10. 奇平卡姆登
    (Chipping Camden)
11. 海德科 (Hidcote) 的
    美麗花園
12. 泰特伯里
13. 巴斯

B 不過，我們得離開了，我們已經安排好科茨沃爾德的各項預約。

Bibury

6月11日，星期一，下午1點
威廉·莫里斯設計的壁紙獲得波特小姐青睞，用於裝飾臥房（還有其他地方），而這位19世紀的藝術家

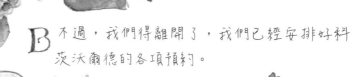

將拜伯里稱為「英國最美麗的村莊」。我們現在就位在科茨沃爾德的拜伯里，我獨自坐在威廉·莫里斯茶館內，從飯店步行只有一小段距離；隔壁桌有兩位英國女性在喝下午茶，我試著聽清楚她們的談話——我知道她們在講英文，但我聽不懂她們的口音，等等——我好像聽到什麼了：

「我養了幾隻鵪鶉，」其中一位說——她有養鵪鶉！她們正在討論餵鳥的事。

我們住在古老的（門上刻有「1633年」的字樣）拜伯里苑大飯店（Bibury Court）★，可說是最美麗的村莊裡最美麗的飯店，而飯店經營者正好是我們的朋友修翰和約翰，親切的員工提供我們無微不至的服務。早晨在華麗的「詹姆斯一世」房醒來，蓋著鬆軟的羽絨被，窗戶開著，正好能聽見鳥兒吱吱叫、鴿子咕咕鳴、蜜蜂嗡嗡嗡、鴨子呱呱呱、孔雀喵嗚喵嗚叫——窗前是一幅科隆河奔流而過的野生畫作。客房服務為我們送上了熱茶和早餐。

6月11日，星期一（續）

我們沿著河岸漫步、穿過花園，再過不到兩週，我們就要登上瑪麗皇后2號了！這個念頭讓我有點難過，旅程接近尾聲了——不過，當我想起可愛的家和小貓，就感到一股興奮竄進身體。

喬去參加一場拍賣 **J TEA** 午茶時間 會，而我坐在茶館內，周圍盡是花俏的茶杯和茶壺。我愛上英國的其中一項原因就是（如某人所言）「令人敞開心胸、一口接一口」[1]的午茶傳統，英國茶深得我心，寫下關於英國的日誌怎麼能少了茶！我大概十七歲時開始喝茶——好友珍妮特的母親梅西帶領我進入茶的世界，放學後我會到珍妮特家，而梅西會為我們泡茶，還讓我們搭配餅乾（她的用詞是 biscuits）。

我看著她把水倒進水壺，燒開後倒入「適合的」茶壺，接著打開茶葉罐的蓋子，梅西倒入的茶葉份量是自己一大湯匙，加上我們（我、珍妮特、她的妹妹蜜西，有時會加上她十歲的弟弟喬治）一人一匙，最後再多加一匙茶葉，倒進她慣用的藍色矢車菊茶壺，接著用保暖套蓋住茶壺，浸泡幾分鐘，再用小巧的陶瓷濾器將茶過濾，倒進精緻且配有茶碟的陶瓷茶杯，真是讓我嘆為觀止！

梅西也讓我們知道茶搭配蜂蜜和「一丁點牛奶」有多好喝，當我們圍坐在桌邊細細品嚐熱茶，梅西會告訴我們關於英國的種種，還有她那些名字十分復古的姊妹——梅西（Maisie）、芙洛西（Flossie）、溫妮（Winnie）、格萊荻（Glary）、瑪姬（Margie）、喬伊絲（Joyce）的冒險故事，我一直覺得這些名字好可愛，就像麥奎格先生[2]花園裡的那些小兔子。

194

M 梅西在二戰時期服務於空軍婦女輔助隊，戰後則變成了戰時新娘，帶著她的茶壺和茶杯隨著新丈夫來到 ____ 美國。她舒適的廚房、印花圍裙以及我們這些孩子的下茶派對，對我來說都是非常美好的回憶，因為梅西，喝茶成為我一輩子的愛好，珍妮特和蜜西也成為我一輩子的好友。

S 茶壺打開了，杯子就位了
最喜愛的座椅，也準備好
不論我在忙什麼
親愛的朋友，我的時間永遠為你保留。

HOW TO MAKE THE PERFECT CUP OF TEA, MAISIE'S WAY
如何用梅西的方法泡出一壺好茶

M 梅西曾對我說，要泡出真正「完美的」茶，最重要的是與你共飲的人。

這是真的，我和我的女性朋友們靠著喝茶解決了所有人生難題。梅西喜歡喝紅茶，也許這是為何我也喜歡的原因，我喝過各式各樣的茶，無論是散茶或是茶包。最近我迷上了伯爵茶，搭配薰衣草或是玫瑰花瓣，真的非常好喝，簡直像甜點一樣，我甚至隨身帶著伯爵茶！

M 梅西也告訴我，泡出一杯好茶沒有什麼特殊祕訣，只要把新鮮冷水煮滾，沖進茶葉裡，泡出自己喜歡的濃度，最後加入牛奶和蜂蜜，或是半鮮奶油（非常推薦！）、檸檬、糖，又或是喝原味茶，

米奇漢普頓一個
窗台上的甜美滋味♥

6月11日，星期一（續）
什麼也不加。

泡散茶時要使用濾匙，或是選用
傳統的銀製濾茶球，也別忘了
用保暖套讓茶壺保溫——這也
是我喜歡茶的原因之一，
各種泡茶的小用具——茶壺
和馬克杯、濾器和茶杯、三層

盤和蛋糕架、銀湯匙和亞麻紙巾。最近我邀請好友一起來喝「下午茶酒」
（afternoon "twine"），一開始喝的是熱茶，不過最後會以美酒收尾，梅西
一定沒想到事情會這樣發展！

下午茶派對就像成人的「辦家家酒」。

　　我喜歡午茶派對看起來很優雅，但實際上要隨性一點，因為派對
　　的首要組成就是快樂自在的客人。♥
午茶派對的餐點需要將創意發揮到極致：熱呼呼的
手工司康（英國腔要念「skûns」）可以搭配果醬、
「任何配料」、檸檬汁、德文郡奶油以及檸檬凝乳；
心型小黃瓜三明治、雞蛋沙拉、西洋菜長形小三
明治、加冕雞；還有各種精緻點心像是迷你巧克
力泡芙、熱香蕉煎餅、檸檬方派、牛奶蛋糕、裹
滿巧克力的草莓，以及奶油餅乾。等我回到家，我要用新茶
壺和聯合傑克旗舉辦一場花園午茶派對！在玫瑰花叢間享
受午茶酒時間！

英國有許多迷人的茶館；幾年前我們去了倫敦的哈洛德百貨喝下午
　　茶，桌上鋪的是厚實硬挺的白色亞麻布料，餐巾和枕頭套一樣大，
鋼琴家演奏著我最愛的歌曲「玫瑰人生」（La Vie en Rose），茶壺飾有香

豌豆花樣，將茶杯擺放在茶碟上時會有悅耳的陶瓷碰撞聲，那裡簡直是天堂，寬大的餐巾令人想穿上白色漆皮瑪莉珍鞋和蕾絲飾邊短襪，再搭配有圓篷裙襯的大圓裙。

My Li-o pride & joy.

我小小的驕傲和喜悅源頭。

B冬天的夜裡
狂風大聲呼嘯，
復仇女神爭鬧。
請為我泡一杯茶。
請用愛意調味並悉心攪拌，
而我會舉杯敬我們閃耀的雙眸，
我的甜心愛人。

米娜‧湯馬斯‧安特里姆（Minna Thomas Antrim）[3]

G直至最後一滴都依然美味……

M現在我得離開了，和喬會合之後要去拍照，打造我們專屬的拜伯里影像藝廊

Bibury Photo Gallery

W我們穿過玫瑰處處盛開的村莊，沿著河畔經過鱒魚農場，沿途有悠游的天鵝相伴，順著小徑走進教堂院落的玫瑰花園，在後方有道藍色木門通往我們的飯店……

挑選圖片是寫日誌最困難的部分。

因為在拜伯里這樣的迷人村莊

美景多得數不清

198

A 所有的野生天鵝，包括照片中的這隻，都由女王下令保護。 ♥

科隆河貫穿整座村子，
也流經我們下榻的飯店（在另一頭的下方）。

拜伯里苑大飯店

T 這就是我們住的飯店！薇塔・塞克維爾－韋斯特（Vita Sackville-West）在她的著作《英國鄉村別墅》（English Country House）曾提到自己十分喜愛拜伯里苑大飯店。這裡有條以飯店為起點的步道，岔路向四面八方延伸；不過，除了我們臥房窗外樹上的小藍燈之外，

6月11日，星期一（續）

這裡最棒的地方是舒適的書室——一間滿是沙發的大房間，是織毛線、閱讀和寫日誌的完美地點。服務生幫我們把豐盛的晚餐送到這裡→就在壁爐前面。飯後喝完咖啡，我們開心的翻

閱裔今天發現的烹飪書，出版年分是 1986 年，我們在找適合的食譜，想決定最先試做哪一道菜——「醃漬鯡魚」、「葡萄乾布丁」或是「小索德伯里酥烤羊小排」，我們很幸運，今天晚餐沒有出現這三道料理，而是貨真價實的烤雞肉，好吃！

THE COTSWOLD
COUNTRY COOKBOOK
MOLLIE HARRIS

N 今天不必開長程車回家，和大家說個晚安之後，我們就上樓回房間了。你看，房間的電視在播什麼——《B.J. 的單身日記》——她要在雪中親吻柯林·佛斯（Colin Firth）了♥！這是我最愛的電影之一，完美的一天，完美的結尾，看見窗外閃爍的燈光了嗎？……♥

INSPIRING MOVIES
啟發靈感的電影清單

去英國前，或在任何懷舊時間看看這些電影：
《忠勇之家》
（Mrs. Miniver）、
《波特小姐：
彼得兔的誕生》
（Miss Potter）、
《此情可問天》
（Howard's End）、
《尋找新樂園》（Random Harvest）、
《逢門今始為君開》（Finding Neverland）、
《簡愛》（Jane Eyre）(2007)、
《相見恨晚》（Brief Encounter）、
《維多莉亞女王：風華絕代》（Young Victoria）、
《女大不中留》（Hobson's Choice）、
《龍鳳配》（Sabrina）（奧黛麗‧赫本）、
《愛是您，愛是我》（Love Actually）、
《祕密花園》（The Secret Garden）、
《布朗夫人》（Mrs. Brown）、
《艾瑪姑娘要出嫁》（Emma）
（葛妮絲‧派特洛 [Gwyneth Paltrow]）、
《灰姑娘，很久很久以前》
（Ever-After, A Cinderella Story）、
《克蘭弗德》（Cranford）、《小氣財神》
（Scrooge）(1951)、《來跳舞吧》
（Shall We Dance）阿斯泰爾 [Astaire] 和
羅傑斯 [Rogers]）
註：如果打算搭船去英國，
千萬別看《海神號遇險記》
（Poseidon Adventure）
或《鐵達尼號》（Titanic）。
順道一提，英國 DVD 播放器
無法播放美國版 DVD。

Walking in Bibury
漫步於拜伯里

○ 越過橋，飯店遠處

有條步道可以帶你經過一處莊園、小羊群聚的田野以及罌粟花綻放的草原。

罌粟花在英國象徵紀念

The British symbol of Remembrance.

Joe said, "Here, for your blog girls."

喬說：「嘿，送給你們那群部落格女孩們吧。」

6月12日，星期二，晚上8點

別把用途不明或毫無美感的東西擺在家裡。
——威廉・莫里斯

William Morris

今天要前往柯姆史考特莊園（Kelmscott Manor），車程大約20分鐘，這座17世紀早期的建築有座怡人的花園，同時也是威廉・莫里斯的

WILLIAM MORRIS✲
1834-1896

故居。六週前到達南安普敦時，我對威廉・莫里斯的了解只需一個詞彙就能總結：壁紙（當然還有上方那句關於居家裝飾的中肯建議）。但他的成就可不只如此，我們今天有機會多認識他一點。威廉・莫里斯是藝術家、作家以及設計師，在19世紀後半引領「藝術與工藝運動」。

我們參觀過凡妮莎・貝爾的查爾斯頓故居之後，就對藝術與工藝風格更加熟悉——簡直是這趟旅程的主題——我們不停的在各處看見這種風格。我對藝術與工藝的了解還不夠深刻，不過基本上，這波運動的目的是反抗工業革命；因當時大量人力離開農場和村莊，選擇在工廠工作，居家用品原本都是手工製作，可以反映出製作者的工藝，結果取而代之的卻是機器大量生產，威廉・莫里斯和其他工匠合作，抵制大量生產的家具，並鼓勵保存古老的製作方式、技術以及工藝。威廉・莫里

我的全新 Brolly 牌雨傘是威廉‧莫里斯風格。

Ｉ 在中世紀，每位工匠都是藝術家。
　　　　── ♥威廉‧莫里斯

斯公司的設計產品包含繡帷和刺繡品、彩色玻璃、磁磚、地毯、壁氈以及家具。（工業革命對 1800 年代的人而言，就像電腦對我們的影響一樣，有些人欣然接受，有些人則不然，不過無論如何，工業革命確實改變了世界。）

Ｗ 我們在花園裡漫步，接著參觀建築物內部──我最喜歡的（屋內）物品是威廉‧莫里斯床上掛的帷幔（又稱為裝飾布簾），很類似波特小姐在丘頂的臥床──確確實實是件藝術品，帷幔上的刺繡是威廉‧莫里斯的詩作，由他親愛的女兒梅親手繡製，總共有數千道法國結繡（屋內禁止照相，抱歉了！），實在太精彩了，在這麼優美的詩詞之下，怎麼可能會睡不好。

Ｔ 「風吹荒原，
夜晚酷寒，
泰晤士河冰冷急流
穿過草原與丘陵間，
然而可親又可愛的
毛房子座落在此，
使我心如此溫暖
即使受盡寒冬摧殘。
歇息吧、歇息吧，
想一想那最美好的時光
於春夏之際，
眾鳥高聲鳴唱……」

喬漫步在野生花園

Ｗ 威廉‧莫里斯十分喜愛自己的房子，並稱之為「人間天堂」。

6月12日，星期二（續）
我猜想威廉‧莫里斯
體內應該有
快樂基因。
參觀屋內後，我們

坐在花園裡喝茶，有鳥兒和一隻
遊蕩於桌間的黃色小貓相伴；我
在禮品店買了一條威廉‧莫里斯
圍巾——就是上方這條↑，以及
一把雨傘。我們走到房屋後方，
越過一座小橋，沿著河畔散步好
一陣子，泰晤士河流經柯姆史考
特（Kelmscott），接著一路流向
倫敦，我們在聖喬治教堂前停
下——枝葉低垂的紫杉下
方，是威廉‧莫里斯與
家人的墓碑。

D 我 們 往 萊 奇 萊 德
（Lachlade）的方向行駛，
準備回到拜伯里，沿著鄉村小徑
前進，路旁長滿峨參，還有幾隻
小羊妝點，這時我們看見標誌寫著：「危橋」。"WEAK BRIDGE."

D「你看到了嗎？」喬問我。

「你覺得那是什麼意思？」我反問。

我們看著對方，現在前不著村、後不著店，應該停車還是往回走？

太遲了，回過神來，我們已經過橋了。

*I*今天真是美好的一天，不過我最喜歡的部分是威廉‧莫里斯

花園裡的小貓。♥

*I*我必須說，我真的很佩服世世代代的英國人，佩服他們

自給自足、勤奮工作、善於獨立思考、愛好和平；他們

動手修建石造房屋、堆磚砌瓦、種植花卉、築起石牆、打造河

畔步道、畜養綿羊、管理農場、設計步道、建造小型拱橋；還

會登上大教堂、敲響鐘聲、修剪樹籬、提倡維護環境、熱愛歷

史、鐫刻墓碑、保存傳統，這些可愛的英國人，以及將這

片鄉村妝點成如此迷人的管理員，我真榮幸能

和他們有血緣關係！希望他們能了解到這裡

真的如天堂一般，如果正在看這本書

的你是英國人……

Thank You

由衷感謝你沒有為了新建物將古蹟拆除，也謝謝你讓花園如此生氣蓬勃、百花齊放，即使當初打造花園的主人逝世已久。我不曉得這一切是怎麼辦到的，當室內管線系統和電力等現代化產物出現後，英國人仍然有辦法讓這些村莊與城鎮保持原有的特色；再次謝謝身為英國人的你，沒有為了拓寬馬路讓車子通行，而把賞心悅目的樹籬拆除，不論你相不相信，雖然我一直抱怨，我還是很開心，這些小徑和樹籬最原始的樣子就已經很完美了。💙

○ 我啊！我啊！多麼喜愛這片土地還有當地的四季與天氣，以及所有相關的事物和生於此的一切。

　　💙威廉·莫里斯

J 6月14日，星期四，晚上9點
我們現在正在席芳和約翰的家大快朵頤，不過先讓我告訴你今天的行程。

ROSEMARY VEREY'S garden ⭐
羅斯瑪麗·華利花園

W 今天早上我們完成打包，和拜伯里苑大飯店的員工道別，他們非常親切的幫忙搬運我們的12袋（後來又變成14袋）行李，表現出把這些行李搬回車上一點也不麻煩的樣子。我們緩緩開過村子，最後再看一眼天鵝——接著來到下一座城鎮，我們在這裡訂了飯店享用午餐，巴恩斯利屋（Barnsley

House）★是一間小型飯店，飯店花園是所有夢幻的英式花園中最夢幻的一座，巴恩斯利屋是著名庭園設計師羅斯瑪麗‧華利（1918-2001）的故居。花園並沒有開放大眾參觀，想欣賞花園，一定得預約飯店住宿或是用餐，所以我們就來到這裡

吃午餐，接著漫步在充滿驚奇的花園。沿著板石步道和一道道小門穿過修剪整齊的樹籬，經過修剪成幾何圖形的花圃，再通過散發甜美香氣的金鏈樹隧道，下方種滿紫色繡球蔥；接著走進廚房花園，充滿雨水、百里香和迷迭香的香氣，整座花園的層次感登峰造極，細小的葉片搭配寬大的葉片；綠色、黃色及銀色葉子交錯；高聳與低矮、圓潤與乾瘦的植物共存；悉心修剪的樹籬和隨風擺動的枝葉，拘謹有條理地對比恣意生長；還有蔬菜與花卉混生。

W 我們穿過一處樹籬開口，發現一棵樹上有數十個淡藍色玻璃瓶，用綿繩綁住瓶頸掛在樹枝上──每個瓶子裡都有一朵鮮花，原來是瓶中花園！

羅斯瑪麗‧華利花園
著名的金鏈樹步道

More Whimsy 更多奇想

一陣風吹過，引起植物一陣騷動，我開始想念瑪莎葡萄園的柵欄小花園，也許我們沒有英國的氣候，但我們有土壤——品質並不差，我們也有陽光，很棒的陽光！我們還有水！一定可以種出些好東西！毛地黃和丁香非常適合瑪莎葡萄園！我還打算種一些綿毛水蘇。

L 干餐很美味而且食材就來自花園——酥脆沙拉、新鮮且「軟硬適中」的蘆筍、冷湯：韭蔥、馬鈴薯、春豆拌入奶油，還有熱麵包捲、冷奶油搭配冷白酒，舔舔指尖、咂咂嘴，真好吃！

TETBURY

SHIPTON MILL 泰特伯里磨坊

我們大約在下午3點來到這裡，等不及要向你介紹我們住宿的小屋了，不過得等到明天再說，因為我已經累到睜不開眼睛啦。

S看到圖片後方那座小房子了嗎？我們就

住在那裡——像童話書般的小屋。

我們越過這座橋，

a 接著走進花園，再進入磨坊屋（Mill House），也就是席芳和約翰的家。圖片中是席芳飼養的雞群。席芳掛上一連串的白旗，不讓白嘴鴉靠近食物；還為我們在小屋裡準備了鮮花和新鮮雞蛋。♥

磨坊屋

H 這位就是席芳（拼法是「Siobhan」但發音是「Shivon」），她站在充滿夢幻光芒的廚房迎接我們。（一下子就令人喜歡上她了，不是嗎？）

T 右上角那位就是約翰 ↗ （我們也很喜歡他！）

他的 Shipton 磨坊專門生產有機麵粉，

擁有威爾斯親王的皇室認證。 ⭐

這個地方在一千年前就建有磨坊了。

是不是
很驚人？

210

6 月 17 日，星期日，上午 10 點

GOOD MORNING!

外面下著傾盆大雨，現在只有我一個人待在小屋內，木柴爐中偶爾跳動的小火團讓我覺得心情很好。喬和約翰從早上就一起外出，席芳則是去上瑜伽課，我坐在桌前為日誌畫上水彩插畫，圖案是波特小姐的木屐，一邊想著為什麼她沒有創造一個小羊角色，類似母鴨潔瑪和刺蝟溫迪琪。感覺不太尋常，因為其他動物都是書中角色——小兔子、鵝、狐狸、刺蝟，甚至還有豬——但就是沒有小羊，而且波特小姐還有養綿羊呢！我想要收藏一只迷你小羊模型，所以一直到處尋找順眼的小羊帶回家，不過目前為止我只看到一些鑰匙圈，或是鬥雞眼和膝蓋瘦巴巴的填充玩偶！

小屋裡沒有電視和網路，讓我們比平常更加的遠離塵囂並享受度假，我一邊聽著收音機播放的老歌一邊畫畫——上方的五彩燈一圈又一圈的照射在房裡，小屋裡有個大浴缸、食材豐富的廚房、各種泡茶用具、席芳從花園摘來的鮮花束，窗外還有條河潺潺流過，厚重的天鵝絨門簾防止空氣流動，彎彎曲曲的階梯上方有兩間浴室，雨重重的打在窗上，室外的一切，從雞園延伸到整座丘陵，視野所及之處盡是一片翠綠。

It's not down on any map; true places never are. ♥ Herman Melville

THERE'S A PHEASANT UNDER A TREE OUT FRONT STAYING DRY.

真正的目的地從來都不在地圖上。
赫爾曼・梅爾維爾

有隻雉雞在外頭的樹下游雨。

W我們以前來過這裡——第一次走進磨坊屋的廚房時，約翰正站在一張椅子上，把熱水倒進一個大型的帆布圓錐形濾器，上面放滿接骨木花，濾器用繩子固定在水槽上方，他正在沖泡接骨木花茶。

如果你有聞過骨木花的香氣，就會知道當時在廚房裡有多美妙，細緻的野花香四溢。

席芳、秦絲、裔和約翰

K我們是怎麼認識的呢？簡而言之：多年前的夏天，席芳來瑪莎葡萄園度假，我們透過共同朋友介紹認識。席芳回到英國後和約翰結婚，育有兩個可愛的孩子，現在孩子們已經二十幾歲了，他們全家都有來過小島拜訪我們。

ROYAL ASCOT⭐
英國皇家賽馬會

I2004 年約翰和席芳帶我們去參觀位在雅士谷賽馬場的皇家賽馬會，這座賽馬場從 1711 年就開始營運。今年一直下雨不太適合前往，但我一直忘不了這場典型英國活動，我可能一生就只有一次機會參加。皇室成員都會出席這場活動，在歡慶的氣氛中以華麗姿態繞行草地賽道，有時候會乘坐真正的馬車繞場。

活動也有服裝規定——男士必須戴上禮帽，穿著條紋西裝褲和早禮服（要有燕尾設計），女士則要穿上早禮服和戴帽子；男士依規定可以租借服裝，這倒是很方便，因為我們可沒有帶著禮帽旅行，不過女士則一如往常必須自行構思造型。右方就是我們的造型，我們盡了全力上演美國版的《窈窕淑女》（My Fair

Lady）（最合適的衣服就是這些了），喬實際上非常優雅，沒有圖片上看起來那麼像菲爾茲（W.C. Fieldish）[2]——還有我，其實我只是想從帽沿下看清楚前方而已。

整個活動就像一場時尚大秀，各種女士帽讓人目不暇給；有位男士還戴著單片眼鏡。喬很喜歡純種賽馬，但在雅士谷賽馬場裡我最愛的部分，是賽前的停車場野餐，就像英國版的後車廂派對[3]——有些人做了萬全準備，架起帳篷並擺出一場盛宴——我們則準備了桌椅、一瓶席芳花園裡的粉紅玫瑰、美味的食物、香檳和接骨花木茶。最棒的是，席芳還帶了超酷的黑膠唱片機，播放78年代的老歌——艾狄絲·皮雅芙（Edith Piaf）用法語唱著「玫瑰人生」——古老、音質脆硬卻很美妙。

我們來到小屋之後，席芳就為我們製作了不少驚人的料理，大部分的食材都來自她的花園，零麩質又富含維他命——席芳愛把常用的調理機稱為「維他命混合機」。在廚房的閃爍燈光下，席芳一邊聽著愛爾蘭小提琴音樂，一邊將食物切塊，接著端出色彩繽紛的餐點，有新鮮的莎莎醬、烤胡蘿蔔、檸檬西洋芹根莖類沙拉、切片酪梨、涼拌捲心菜、不沾醬的「葉菜」（英國人就是這樣稱呼萵苣）、切片蘋果以及有機自家製起司、豌豆苗、藜麥沙拉、米脆餅、無麩質土司，於是我們不停吃著各種蔬菜，席芳還做了「玉米蛋糕」（Polenta Cake），簡直讓我欲罷不能。
她也給了我食譜！

Orange Lavender Polenta Cake

橘香薰衣草
玉米蛋糕

濕潤、柔軟、美味

蛋糕尺寸很大，是 24 人份，你會需要一個 12 吋的蛋糕烤盤（找用大型鐵製炒鍋代替），當然你也可以把材料減半，用 9 吋的蛋糕烤盤，或是選擇把蛋糕放進冰箱保存。

2 又 1/4 杯極細砂糖（也可以使用食物調理機，把一般砂糖打成更細的糖）
1 磅奶油，保持室溫
5 又 1/4 杯杏仁粉
2 茶匙香草
6 顆雞蛋
4 顆份量的柳橙皮（或檸檬皮）作為調味
1 顆柳橙（或檸檬）的果汁
　（做出 9 吋蛋糕只需加 1/4 杯果汁）

1 又 1/2 杯黃玉米粉
　　或粗粒玉米粉（polenta）
3 湯匙料理用乾燥薰衣草花（可自行選擇是否添加）
1 又 1/2 茶匙發粉
1/4 茶匙鹽

將烤箱預熱至約 163℃。在 12 吋烤盤抹上奶油和麵粉。混合砂糖與奶油，並攪拌直到色澤變淡、質地變輕，接著拌入杏仁粉和香草，一次打入 1 顆雞蛋，繼續加入柳橙皮和果汁、玉米粉、薰衣草花、發粉以及鹽調和。把混合物倒入烤盤，烘烤 45-50 分鐘至蛋糕膨脹並呈現褐色。冷卻 10 分鐘後，把蛋糕移至蛋糕盤。這種蛋糕是完美的午茶點心，也很適合搭配水果醬汁和鮮奶油。

6月18日，星期一，上午7點
公雞正高聲啼叫

GOOD MORNING

席芳製作「葛洛莉」
是為了嚇跑白嘴鴉

A'每年這個時節，晚上10點以前天都還是亮的，所以昨天晚上7點半左右，席芳帶我們走了好一段路，經過葛洛莉（Gloria）身旁，爬上山丘，穿過牛群徘徊的牧草原，漫步於隨風搖曳的野花海，走過野地和小溪，還遇上了狐狸和野雉——雲層飄散，陽光從天灑落而下。

牛群跟在我們後面！

S彎曲的步道帶著我們走到

一座小石橋前，席芳說她曾和幾位女性朋友在這裡舉辦午茶派對。她要朋友們準備雨鞋和防水椅；席芳在淺淺的小河中間擺張桌子，然後在河畔令人沉醉的野花海鋪上毯子，她還帶了茶杯、濾器以及老舊的亞麻桌布、紙傘、三明治、蛋糕、茶壺、裝野花的花瓶和裝在保溫瓶的熱水。席芳的朋友們戴著草帽、穿著洋裝和雨靴赴約，席芳甚至還用附近的野生香草沖泡草本茶，在河裡擺出一場精彩的饗宴，即使眼前盡是一片野地。

215

偶爾會有人剛好散步經過這裡，便可以
共襄盛舉欣賞這片景色，並享用一杯
好茶。

這就是席芳的作風，用她的魔法為世界增添色彩，
她總是安排各種活

動，創造出，嘛，一聲便轉眼消逝
的美好瞬間，就像我筆下那些瑪莎
葡萄園的精靈，總是跑在前頭，設
計出許多美麗的事物，好讓我們在
下個轉彎發現驚喜。

天 佑 創 造 快 樂 之 人 ！
♥亨利·瓦得·畢奇爾（Henry Ward Beecher）[4]

我們好像被跟蹤了……

6 月 19 日，星期二，下午1點半

今天我們穿過樹籬，落腳在 Tunnel House Inn ✿的酒館，
室內有壁爐和沙發，書櫃上的架子陳列一團團啤酒花，
屋梁上吊掛著銅製茶壺；我帶了新買的雜誌 British Country Living ✿
——我覺得我們可能會整天都待在這裡！喬喝的是皮姆之杯（他也
會在家自己調製——敬請期待食譜→），我則點了熱茶和啤梨氣泡酒，
厚實的薯片即將端來。

我還沒仔細描述英國酒館
有多棒，我得好好說明才
行，因為酒館可是英式生活（還
有我們的生活）的必備條件！

Pubs

酒館

當你常去的酒館不復存在，不如就把
徒有軀殼的自己淹死吧，因為你已經
失去英國最後一片淨土了。

　　希賴爾‧貝洛克 (Hilaire Belloc)[5]

「把徒有軀殼的自己淹死吧！」哈哈
哈！965 年埃德加一世(King Edgar)下令，
每座村莊都要有一間啤酒屋，想當然引發一陣興建熱潮，因為即使是最小的村子也至
少有一間啤酒屋。酒館門口的石造
門檻因為幾世紀以來的踐踏，中間
部分已經嚴重磨損。

　　我們所在的酒館位於一條凹
凸不平的步道盡頭，一般人根本不
會想到這裡竟然有建築物。但就像
紅色電話亭一樣，酒館在這個友善
好客的國家處處可見，甚至還具有歷史意義。如果你去參觀心目中偶像的住所，再到
附近的酒館坐一坐，你就會發現他們也曾來過這裡。

　　在酒館內可以織毛線、閱讀、寫明信片，氣氛就像在家一樣
溫馨，酒館提供舒適的椅子、書籍、鋼琴，也允許帶狗進入（♥
），你也可以聽聽看其他顧客的談話（尤其是小朋友的可愛英國
口音，像鋼琴高音一樣叮噹作響）。所有人都對我們很好，從我
們受到的款待看來，英國人喜歡我們的程度就像我們喜歡英國
人一樣！

這裡的食物非常好吃——酒館有個「派之夜」，平常有提供週日烤肉，約克郡布丁則幾乎每天都在菜單上。

說到菜單，酒館會經常變換菜色，例如叫

PEACOCK PIE
A Miniature Anthology of GOOD LIVING

著「我的腳趾頭傷了貝蒂」的鴿子偶爾會出現在菜單上——我剛剛一直在研究菜單，因為豬排、牛排和蔬菜料理都太好吃了，還配上烤得熱呼呼的馬鈴薯和美味的醬汁。

MY Joe's Famous

Tea · Coffee ₤2.00
BEER Garden
Hot Food
TAKE AWAY Food

1851 年成為英國人的最愛
1989 年成為喬的最愛

PIMM'S CUP 皮姆之杯

幾項關於酒館的小知識：點餐和買單都是在吧台完成——店內並沒有服務生幫忙送飲料，也不需要給酒保小費；如果想要用餐，你可以要求記帳[6]——店家會把餐點送到你的桌位，這時候可以留下 10% 的小費。很多酒館附有花園供顧客在戶外用餐，需要自行找座位；點紅酒有分「大杯」或「小杯」；酒保都很親切也喜歡開玩笑，不過聰明人一點就通，根據 Britannica in Brief 所寫的：

皮姆 1 號杯在美國各處的飲料店都可以買到。先在高玻璃杯裡倒滿冰塊，倒入 1/3 杯的琴酒，再加入 1:1 的碳酸水和七喜汽水（在英國稱為檸檬汽水）倒滿杯子，用切片小黃瓜、柳橙和檸檬裝飾，頂端放上一小撮薄荷，最後加上吸管。

Cool & Refreshing

千萬不要隨便叫其他人「老兄」（mate），除非你和他曾經一起服役於海軍。

涼爽又清新

218

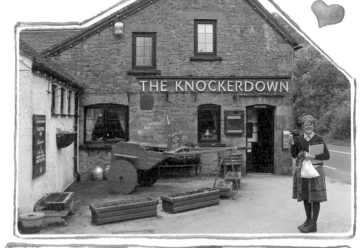

Children left unattended will be fed espresso and given a puppy

SPECIAL MENU
£8 6oz RUMP £8
STEAK
WITH CHIPS &
ONION RINGS

HOMEMADE "LIVER" &
ONIONS WITH MASH/CHIPS
WITH PEAS £6.95

ROAST DINNERS
BEEF/LAMB/TURKEY-or PORK
SERVED EVERY DAY

STEAKS
GAMMON STEAKS (10oz)
AND MIXED GRILL

VARIOUS HOMEMADE
SOUPS SERVED WITH BREAD
HOMEMADE BAILEYS BREAD
& BUTTER PUDDING
OTHER DESSERTS AVAILABLE
ALL SWEETS £3.50

FULL ENGLISH BREAKFAST
BREAKFAST
PANNI'S VARIOUS FILLINGS
FRESHLY MADE OMELETTES
FILLING OF
YOUR CHOICE

THE KNOCKERDOWN

Agency for
MORTIMERS
DYERS
PLYMOUTH

OLD FARTS
AND
WEBBED FEET
ONLY
CORNER

Kentish
Apple
Cake
£3.85

Fruit Scones
Cream &
Strawberry
Jam
£4.80

6 月 20 日 ， 星 期 三 ， 上 午 6 點 半

一陣薄霧如紗簾覆蓋整座村莊——烏黑的白嘴鴉一齊飛上天，奮力
拍打參差不齊的雙翅……

昨天晚上裔已經在木柴爐裡架好了柴火，所以早上起
床後，我只需要用火柴點著爐火就行了。

你喜歡我剛畫好的小羊角色嗎？我把
她取名為「小羊派凱朵」（Lambi-Pie
Cuddle-Bunch），她一定會變成利蝟溫迪琪的好朋友。

♥ 至少現在我有一個小羊紀念品可以帶回家了。

我現在正圍著批巾、俯身在桌前畫我的小
羊角色，一邊等泡茶的熱水煮開。波特
小姐曾說她覺得自己像珍·奧斯汀的書中角色。

如果波特小姐有寫小說，我應該也會覺得自己像她的書中角色。

真是沒辦法想像，我們再過五天就要搭上船了，可是到現在我們連
一點行程也沒有規劃，如果我們要動身出發，當然這是一定的，就
得想辦法讓自己開始準備，首先必須決定哪些是來到英國絕不能漏掉的地
方——還要回去西辛赫斯特完成一件事——我們需
要行程表。我想離開英國嗎？一點也不，一想
到這件事我就想哭。我期待搭船經過自由女
神、乘渡船回到小島、再次見到我的柵欄
花園、把頭埋進小貓毛茸茸的身軀嗎？
噢，非常期待！

WINDERMERE
溫德米爾

千萬別用你的錶指責我。
♥ 珍·奧斯汀

220

Later

我剛剛聽到布穀鳥咕咕叫了！大概是想告訴我們該去哪裡走走！

我們發現如果想去一趟西辛赫斯特，加上參觀珍·奧斯汀的故居，星期五就得離開這裡——就是後天！所以我們花了一個早上洗衣服和整理行李，現在我們要在又冷又濕又泥濘的英國鄉村散步……接著去席芳家喝下午茶，她要為我們演奏小提琴！

China tea the scent of hyacinths

中國茶，香氣如風信子、

wood fires & bowls of violets

柴火及一盆盆紫羅蘭

——康斯坦絲·史普瑞（Constance Spry）[7]

6月21日·星期四 晚上11點

Summer Solstice 夏至

猜猜怎麼了？我們去了一趟馬戲團！約翰和席芳剛好有入場券，所以我們四個就開車前往白老匯 ⭐，這座村莊就位在科茨沃爾德，距離磨坊大約一個小時車程。

一路上風景怡人，薰衣草田和黃澄澄的油菜花遍布。房屋都是以當地非常美麗的蜂蜜色石塊建造，沿途的村莊似乎都落腳在山崖邊，可清楚眺望下方綿延不絕的鄉村景色。

221

GIFFORD'S CIRCUS

❥只要用心,就是藝術❥　　　　吉福德馬戲團

這個由家族經營的英國馬戲團,在科茨沃爾德一帶　　非常有名。我們把車開進城裡,在百老匯高街泥濘的野地上,有座巨　大的圓形白色帳篷,頂端的彩帶隨風飄動;穿著雨衣和雨靴的人群,　　漸漸聚集在手繪的馬戲團大篷車前方,車上販賣爆米花、一包

很棒的樂團!

包熱堅果、棉花糖和馬戲團紀念馬克杯。我們加入約兩百人的群眾,小孩與老人都有,通通坐在環繞馬戲團圓形場地的紅色長凳上。有個(幾乎)全是女孩的樂團正在演奏手風琴、薩克斯

風、小喇叭、單簧管、鋼琴、鼓和小提琴。馬戲團表演裡沒有任何嚇人或驚險的橋段,就像席芳說的:「這裡只有梗犬,沒有老虎。」也沒有吞火場面,拉緊的繩索距離地面只有約4英呎,只有趣味和古怪的表演,有很多花招和一連串與觀眾互動的玩笑;純白的鴿子以及對著鴿子竊竊私語的搞笑藝人(我真的不知道該怎麼稱呼她);有隻叫做布萊恩的鵝;還有戴著緞帶及蝴蝶結的馬群和小馬,小跑步繞行場地,穿著戲服的騎師則一路跳上跳下。甚至有匹「會說話的迷你

馬」（但訓獸師說牠今晚沒辦法開口，「因為牠有點沙啞」）[8]。

吉福德馬戲團
由奈兒和托帝・吉福德
（Toti Gifford）
創辦於 2000 年

啪搭——碰！

跳躍表演、後空翻、小狗雜技、各種特技和魔術——馬戲團把這些全搬上舞台，一點也不老套，反而令人目不轉睛，小巧可愛卻很真實。很多人曾夢想跟著馬戲團一起遠走他鄉——奈兒・吉福德（Nell Gifford）真的這麼做了，她還帶著我們到這裡。

「我拿起小時候的飾品擺在眼前，透過它我看見小馬、衣物箱、帳篷——是吉福德馬戲團。」
——奈兒・吉福德

別擔心，一切都很順利！

一段很棒的時光

他們有賣 Emma 牌的杯子！

我盯著看然後邊想著「別去啊！」

6月21日，星期四（續）

星星在煙囪附近成簇成團，彷彿蜜蜂成群。
　　　　瑪喬麗・金楠・勞林斯（Marjorie Kinnan Rawlings）[9]

天色暗下後我們才回到磨坊，進到屋內享用蛋糕，接著就是說晚安的時刻了——今晚是留宿的最後一夜⋯，我試著不要一直想這件事。我和喬繞遠路走回小屋，越過石橋，天空一片清澈、滿是星斗，我們手勾著手，腳步踩在小碎石上喀喀作響，抬頭望向天空，然後在橋中間彎過身，聆聽小河沖刷石頭的聲音。最後我們穿過小屋門口，在夢幻的燈光下，四周飄散著玫瑰香氣，走上階梯就寢，我們真的非常、非常幸運。♥

...the lovely stars,
the forget-me-nots of the angels.
　……美麗的點點星光，是天使的朵朵勿忘我。
　亨利・沃茲沃思・朗費羅（Henry Wadsworth Longfellow）[10]

睡眠，無情縮短生命的喜悅。　♥維吉尼亞・吳爾芙

224

*T*W 6月22日，星期五，上午7點半——今天沒有下雨，鳥兒在歌唱。

我們已經起床，行李也都放到車上了，這幾天我一直在寫明信片，下面這張是我寫給妹妹雪莉的明信片，我用的是英式英文，希望她看得懂。

2012年6月22日

哈囉小鴨！

我們要離開了——就是現在。我家的聰明男人正在想辦法讓我們通過這個彎彎曲曲的停車場（不過我們才是負責彎來彎去的人！）

我喜歡這裡的甜點零食，像是餅乾、冰棒和大塊薯片——都非常好吃——喬比較喜歡臘腸和豆子。

目前我們還沒遇到任何糟糕的事情，不過我們預期之後還是會下起大雨，我還買了新的Brolly牌雨傘，雖然天氣經常很糟糕，但我們都還好，沒有徹底發瘋——不過碰上見鬼的下雨下個不停，我們還是會想大喊「天啊」，甚至是「該死」，如果有人口出惡言，我們也會很快的解決問題，去小睡一下，接著出發去英國東南方找間酒館。

真希望你也在這裡！抱抱親親

POST CARD

FOR THE ADDRESS

PRINTED IN ENGLAND

£1.28

Commonwealth Games 1982

蜜雪兒·史都華

O 之前看到的野雞又出現在眼前了；喬正在準備他的魔法包包（他不管走到哪裡都隨身帶著，而且剛好都裝了我需要的東西，從巧克力、備用眼鏡到郵票，他有萬全的準備）。BBC第四電台正在播報，昨晚有1萬4千人在巨石陣慶祝夏至，「德魯伊（Druids）教派領導人表示活動大獲成功。」

W 我們走到磨坊屋和席芳及約翰道別，我默默的希望，自己別在大家面前哭得一塌糊塗。道別真難……

6月22日，星期五（續）

她說：「我常常想，沒有什麼與朋友離別更難受的事了；沒有他們，就好像子然一身。」♥ 珍・奧斯汀

W我們開上車道並且不停的揮手，他們的身影越來越小、越來越小，最後我們轉了個彎，再也看不見他們的身影……

O前往搭船的路上 …… 漫漫長路……

G我們打算盡可能把最後的兩天半塞滿美好的行程，但又要在人類能力可及的範圍內。

人口數 1000

FIRST STOP: 第一站

★Lacock

拉科克

T這裡就是我們搭上郵輪前的第一處「必看」景點，優美又充滿歷史氣息的古老村莊拉科克。1944 年之前，整座村子都屬於個人財產，地主在她

226

生命即將結束時，立下遺囑將村莊遺贈給英國古蹟信託協會，因此現在這裡受到良好的重建與維護，也開放讓所有人都能分享。

B 由於拉科克是真正的古蹟且保存良好，許多電影都會來這裡取景，例如《哈利波特》和《傲慢與偏見》(1995)——你也許發現了，這裡也是 BBC 影集

Cranford
《克蘭弗德》

中的同名村莊。我們遊走各處不停的拍照，畢竟一張圖片勝過千言萬語——這一頁可是有數千字呢——♥

227

住宿小屋叫做 89 Church Lawn

處處是柔嫩細葉的仙境。
🍃 伊莉莎白·馮亞寧

6 月 22 日，星期五（續）
下一站

Stourhead✲
斯托海德

　T上次我們來英國旅遊，向古蹟信託協會租了這間小屋，度過難忘的兩個星期，盡情探索占地 2600 英畝的斯托海德；開滿野花的山腰，杜鵑成片怒放，綿羊漫步於草原。

♥ ♥ 89 Church Lawn ✪ ♥ ♥

那是一座長滿草的橋

　　這裡有座 13 世紀的教堂，喬在裡面學會了如何敲鐘，還有一間酒館、一棟莊園宅第等等。有天我們在那座橋旁邊的草地上鋪上毯子，享受好一段香檳以及小黃瓜三明治野餐時光。

　　晚間人群都漸漸返家，整座莊園只屬於我們，清晨也是如此，全都屬於我們。♥

野生沼澤蘭花

今天我們再度造訪，只為了盡情漫步……

STONEHENGE ★

巨石陣

向東開往西辛赫斯特時，喬給了我一個驚喜。我們從來沒去過巨石陣，他也沒提過我們要去一趟。我對於目的地一無所知，就只是坐在車上，看著天空轉變成粉紅色，突然間，巨石陣出現了，在我們眼前越來越近，絕對沒有認錯。

就像我看過的所有圖片一樣，距離車道幾百碼的一片綠色野地，巨石陣已經聳立五千年之久，神秘又迷人，但眼前沒有任何德魯伊教徒。

6月23日，星期六，上午7點

昨晚我們住在斯托克橋

（Stockbridge）的一間老旅館，叫做格羅夫納飯店（Grosvenor Hotel）★。今天早晨一群白鴿在我們的房間窗外咕咕叫，我在電腦上查看瑪麗皇后2號的網路蹤影 ★──郵輪即將到達愛爾蘭──從紐約出發一路航行，明天就要來迎接我們了。

229

6月23日，星期六

SISSINGHURST
西辛赫斯特

藏身於英國花園的珠寶

薇塔把這座塔當作
她的巨型日晷

開車前往西辛赫斯特途中，狹窄的樹籬之間仍長滿蕨參——我有種回到家的感覺，這是我第三次來到這裡，但卻是第一次親眼看見白園（White Garden）白花齊放。

IT WAS PERFECT

THE CHAMOMILE BENCH IN BLOOM

真是完美，洋甘菊長椅盛開

直挺的翠雀花和飛燕草、倚著紅磚團團纏繞的冰山玫瑰、天藍繡球花、桔梗以及白色荷包牡丹，在微風吹拂下閃閃動人，向四面八方蔓延而去。

我們再一次走遍整座花園，穿過以萊姆樹編結成的籬笆，走進芬芳的香草花園，穿梭於一道道門與樹籬之間，踏進花園裡一座又一座的花香室。我們拍了很多圖片，最後，依依不捨的（同時也真心感到開心能再次造訪），我們和這裡說了再見……

開心的從樹籬對面看到喬

A 接著我們去高德赫斯特的星星和雄鷹酒店吃午餐——現在我們就生在山丘上休息，享用啤梨氣泡酒和農人午餐。我們剛才和瑞秋及保羅通過電話，他們去了雅士谷賽馬場，問他們那裡怎麼樣，保羅回答：「一直下雨，很大、很糟又該死的雨！」（他連罵髒話都很可愛。）他接著說：「我下注在一匹叫做『帥男人』的馬，牠以一鼻之差輸了。」哈哈！他真的很有趣，我問他有沒有戴著寬領帶"去賽馬會，然後試著說服他們放下一切，跟著我們一起航行回美國。我們差點就成功了，但礙於現實還是作罷。

'Iceberg'

「冰山」玫瑰

J 6 月 24 日　　　星期日

今天早上我們最後一次把行李搬上車——我們要「回家」啦。我們在飯店櫃台和一位蘇格蘭服務生聊天，告訴他我今天要搭瑪麗皇后 2 號回家，他把頭歪向一邊，小聲的問：

「可以帶我一起走嗎？」

他真的好有趣，我們差點就想帶他一起走。他又問我們有沒有去蘇格蘭，我們說沒有，他：「來了兩個月你們竟然沒去蘇格蘭？就這樣，我已經受夠你們了。」他真可愛。

And then — off to the house of...

接著，要前往誰的故居……　**231**

白色紫藤花

Jane Austen
珍·奧斯汀
1775-1817
in Chawton
喬頓，人口數 380

去追求你的所愛吧！但小心別昏倒了。

♥ 珍·奧斯汀

ST NICHOLAS' CHURCH
CHAWTON HOUSE

JANE AUSTEN'S
HOUSE

CAR PARK

VILLAGE HALL

樹籬前方布滿一簇簇雛菊，蔓延通往珍·奧斯汀漢普郡鄉村故居的道路兩旁。突然間，珍·奧斯汀的房子出現在眼前。這個乾淨的小村莊，處處是稻草屋、磚牆和花園。

停好車後，我們沿著小路往前走，每棵樹都傳來大自然柔美輕快的國歌：「我的腳趾頭傷了貝蒂」，一路伴隨我們走向爬滿玫瑰、窗戶漆成純白的磚造房屋；我實在太期待走進屋裡，甚至得先冷靜一下，免得我激動得橫衝直撞。

Jane
Austen's
House
Museum

這座 17 世紀的小屋十分溫馨，也如我想像的一般真實，就像珍·奧斯汀的書中角色一樣清晰而真切。

磨面平滑的寬版木地板、漆色簡約的層架、每間房間都少不了的實用壁爐，以及許許多多的個人物品——古老的信件以及各種手工藝品、蕾絲衣領、畫像、水彩畫、十字繡、珍親手做的拼布——甚至還有一縷她的頭髮、一些珠寶、茶杯和銀製茶壺；房間十分明亮且生氣蓬勃，

J 6 月 24 日，星期日（續）

從花園取來的切花擺放在壁爐和窗台上，整間房子都裝飾得非常迷人，房間全都貼 Laura Ashley 的壁紙（非常適合房屋的風格，因為 Laura Ashley 取材自維多利亞與艾伯特博物館 🌟 館藏的古老設計風格，有些可能原本就是這間房子的物品）。

珍·奧斯汀的故居適合慢慢品賞，你可以感受到身旁每位遊客的崇敬之心和喜悅，大家都盡可能向前傾想看清楚她精致的綠松色珍珠手環、古老的信件

珍曾經生活在此

Which of all my important nothings shall I tell you first?

那些重要的小事，我該從哪裡開始告訴你呢？

Jane Austen

珍·奧斯汀

233

和手寫樂譜，刺繡細膩的一針一線，希望能從珍留下的物品中了解她一生的點點滴滴。

M珍‧奧斯汀大部分的個人書信都在她去世後由家人燒毀或審查，因此她在世上短短 41 年的生命留下許多問號。我們能讀到的著作和信件，的確透露

佇立在走道的女孩

許多她的生平事蹟，但珍‧奧斯汀自傳的空白之處，卻任由家族成員定義，將她塑造成一個一無是處、離群索居的末婚女子。

由於她的作品完全和一無是處、離群索居沾不上邊，世人對於珍‧奧斯汀真正的生活樣貌有各種猜想，於是包含有趣★臆測的書籍和電影大量出現。

我想像中的珍‧奧斯汀是個平常、善良、有吸引力、風趣、勇敢的女性，喜愛閱讀、善於使用文字也很會說故事；是一位忠於自己過人生的聰穎女性。在珍‧奧斯汀過世 200 年後，她的光采仍一日比一日更耀眼。♥

E她集所有優點於一身：善解人意、思緒清楚、深諳世事，還有一顆溫暖的心。 珍‧奧斯汀

234

6 月 24 日（續）

早餐房裡陽光灑進的窗戶邊（靠近茶壺旁）有張小桌子，珍·奧斯汀就是在這裡用羽毛筆和墨水寫作並修改她的動人故事。廚房有提供羽毛筆、墨水和紙張，鼓勵我們試著寫寫看，我等不及要拿起那支羽毛筆啦。

（沒有想像中簡單！）

我大概只寫三個字母就得再沾一次墨水——無法想像珍要怎麼用這種方法寫完一整本書，不過我很有信心，如果我生在 19 世紀，一定可以學會怎麼用羽毛筆。另外，要記得吸乾多餘的墨水，不然會弄得到處都是汙漬，用羽毛筆寫字非常緩慢，但深得我心，我還在禮品店買了墨水和羽毛筆。我打算在這一頁留點空間，回到家後再把珍·奧斯汀的寫作哲學寫在這裡，我會試著不要弄髒頁面。

Let other pens dwell on guilt and misery.

將罪惡與不幸留在他人筆下。

Jane Austen

H把禮品店內所有與「珍」相關的商品洗劫一空後，我們走進花園在樹下漫步，鳥兒高聲歌唱，蜜蜂穿梭於毛地黃之間；抬頭一看，點點陽光在樹葉縫隙間閃爍，彷彿默片場景。

快速翻閱剛才買的書，我突然發現一切都環環相扣：1811 年珍·奧斯汀造訪查茨沃斯莊園（我們幾週前

參觀過），後來成為她筆下《傲慢與偏見》中達西先生的住所彭伯里，電影版也是在查茨沃斯取景，這就是為何我們在那裡見到了達西先生的半身像。

J我們穿過小路，想看一眼名為 "Cassandra" 的茶館，茶館是以珍的姐姐命名，現在 Cassandra 是我最喜歡的新名字。（如果我有隻小羊，我想用這個名字命名。）

A最後，我們再也沒有理由停留，因為杯子已經空了，也因為日暑不停的移動，是時候離開了，真的離開。

W我們離開喬頓駛向最後一哩路時，開到了對向車道，穿過彎彎曲曲的小路，兩旁盡是老樹、樹籬和野花，一如往常的迷人，我們搖下車窗感受涼爽微風，打開音樂，佛雷唱著 "Cheek to Cheek" ♫「天堂，我身在天堂♪」沒錯，我們身在天堂。

I 我就坐在這裡↗。喬正在還車，我負責看管行李和等待，從車窗看出去，巨大的郵輪漸漸逼近，坐在車內的我心想，真是捨不得道別，捨不得英國步調從容的生活、千年老樹、恬靜和探索的樂趣；捨不得這裡的茶館、步道、歷史和石頭小屋；每吋土地上的廚房花園、野花草原上蹦跳的小羊、口頭禪是「怪怪的」（dodgy）和「糟糕」（crap job）的友善英國人（而且開著這樣的車子↘還覺得很普通），怎麼能不愛上這一切？其實你沒有什麼選擇，就只能愛上了，不是嗎？

H 喬回來了，我先看見他的帽子，電梯緩緩上升，即使我不認識喬，我還是會覺得他很迷人，他還帶回了我們的拿鐵，人生依舊美好。💙

237

昨晚停在飯店的車

Think only of the past as its remembrance gives you pleasure. ♥ Jane Austen

回首過去時，只需懷念美好回憶。珍・奧斯汀

QUEEN MARY 2 瑪麗皇后2號

接下來的七天要像太空人一樣進入「假死」睡眠狀態，牢牢戴好防暈手環，確定救生艇準備萬全。郵輪開始移動時，船上播著「天佑女王」（和「我的腳趾頭傷了貝蒂」同樣的音調）。音樂結束後要歡呼三聲，廣播喊著：「嘿，嘿，」乘客接著高呼：「萬歲！」這一刻我們眼眶都紅了。經過懷特島郡時，看見海鷗俯衝而下並高聲鳴叫，大西洋張開雙臂迎接我們，郵輪隨即進入大西洋航線。

果酒凍、茶、咖啡、歌唱、跳舞、11點熱騰騰的晚餐，我所能想像到最怡人的一切。♥ 珍・奧斯汀

在 這 裡 也 是 如 此 。

長時間的散步、有鹽味的空氣、霧濛濛的地平線、迅速飄動的雲朵、無邊無際的視野、如月亮般的小銀玻璃；我夢見自己走在路邊，回頭一看，母鴨潔瑪搖搖晃晃的跟在後頭。薰衣草茶佐玫瑰花瓣和早餐在床邊，艙房內的電視正在播《愛瑪》（EMMA）（是法文版，雖然我不懂法文，還是哭得一塌糊塗，因為有

些事情普世皆然，再加上我幾乎
把整齣電影背起來了）。

「嫁給我，
　　我親愛
　又迷人的朋友。」
奈特利先生在果園對愛瑪這麼說
（我邊看邊躲在毯子下啜泣）。

坐在海圖室織毛線、看書，午餐喝的是桃子西打，下午茶則在皇后廳享用，
接著是晚餐和跳舞——每度過一晚，時鐘就要往回調一個小時，使得返家
之旅更加緩慢。不過這也有助於「重回日常生活」——經過兩個月的度假，
要走出 19 世紀的英國，若是搭上客機直接回到 21 世紀的紐約，未免也太過
衝擊，有可能會讓人傷痕累累，就像搭乘時光機回到現在一樣。如果英國之
旅是冥想的過程（實際上真的是如此），在郵輪上度過的時間就是從 1 數
到 10，好讓我們漸漸恢復意識。

　　　沒有人會在意自己擁有太過美好的事物。
　　　　　　——珍・奧斯汀

STILL AT SEA
依然航行於海上，但即將到達目的地

最後一晚，晚餐後是大廳的傳統時
間，乘客聚集在露台和長長的螺旋梯
上，隨著鋼琴伴奏唱著老歌——♪

我的邦妮飄盪在海上[1]……
接著……我們會再相見，
不知何處，不知何時[2]……

有隻偷渡客

停在甲板上的椅子

The night will never stay,
the night will still go by,
though with a millon stars
you pin it to the sky,
though you bind it
with the blowing wind,
and buckle it
with the moon,
the night will slip away
like a sorrow or a tune.

黑夜永不停留，
黑夜仍會離去，
即使以百萬星斗釘上夜空，
即使以呼嘯的風將之捆綁，
又以一輪明月將之緊扣，
黑夜仍會一溜煙的離去
如春燕又如樂音。

♥ Eleanor Farjeon
艾莉娜·法瓊 [3]

黎明來臨之前，第一道閃爍的光來自美國，我們航行穿過韋拉札諾海峽大橋之下，從露台對著橋上的駕駛揮手。接著經過自由女神像，多麼令人讚嘆的景象，期待加上喜悅，家，是家——我們到家 H♥ME 了！出走旅行最棒的一部分，就是回家的那一刻。

H ♥ ME

回瑪莎葡萄園

7月1日

我們開車前往搭船到小島的港口，剛好趕上可以看見葡萄園海峽日落的航班。待在甲板上，看著飄過眼前的燈塔，接著是白色的教堂尖塔，然後是我們種的樹（可以從船上清楚看見），渡船停靠碼頭花不了多少時間，但今天卻感覺特別漫長——太期待要回家 H ♥ ME 啦。

我們走上後方車道

用鑰匙轉動門鎖，一陣黃揚木的氣味撲鼻而來，廚房裡擺著朋友帶來的歡迎花束。我走進飯廳看見女娃凱蒂正在桌上，認出我之後，牠開始嗚咽的叫、翻過身、扭動背部要我摸摸牠，我抱起牠並擁進懷裡，我也跟著哭了。我寫下這段文字時，傑克就在我旁邊呼呼大睡，還把玩具泳放在掌心下，我們立刻就回歸這裡的一切，彷彿從沒離開過。

B但我們確實離開過，確實。我從沒想過自己是親英派（Anglophile）。我查了字典，親英派的解釋是「喜愛英國文化的人」，聽起來很中性，但我一直覺得這個詞有點非理性信仰的意味，所以之前我不覺得自己是親英派，我只是喜歡英國。

我媽寄來的歡迎回家信。

　　現在我了解了，親英派並不是後天養成，而是天生的──來到英國鄉村的花園和約克郡谷地邊陲的茶館，這不是我所能控制的。

　　就像愛情一樣，我只能任由這股力量擺布。我在奧運開幕式看見倫敦的體育館中間有片草原，還有真正的綿羊、牧羊人、白鵝和野花，接著發現自己無可自拔的愛上會完成這一切的英國人，我掛上一排旗子，轉台到「唐頓莊園」，然後說：「算我一份。」

J活著就是要慢慢的重新發覺自己。
──安東尼・德・聖艾修伯里（Antoine de Saint-Exupéry）[1]

I我喜歡安娜・昆德蘭（Anna Quindlen）[2]的這句話：
　　　完美的人就是無趣的人。

S於是我已經開始想念英國了，我無法停止想起我們所學到的一切，在旅行之前，我一直搞不懂什麼是藝術與工藝運動──而現在我已經會欣賞了。我並不是喜歡威廉・莫里斯的藝術

「風格」本身，雖然他的作品會令人自動聯想到藝術與工藝這個詞彙（而且我本來也一直這麼以為），真正讓我欣賞的是他的原始想法，推崇手工製品以及製作的工匠，並期望居家藝術繼續活躍於世上。

A 居家藝術的確非常活躍，看看那些美麗、幾乎全是手工打造的鄉村——如珠寶閃發亮的城堡、小屋和花園，全都可以當作藝術與工藝理念的一部分。

這些建築是由世世代代的父母親打造而成，踏實過著日常生活的一般人，從不認為自己有創意、很特殊，或是像英雄人物一樣的角色，也絕不把自己當作藝術家。他們只是發揮與生俱來的能力，讓周遭世界變得更加美好。

自給自足的無名英雄

a 而且我覺得自己也是藝術與工藝派——我完成了這本手寫書，我的朋友也是如此——她們製作美式拼布、下廚烹飪、製作鉤針地毯、飼養雞群、種植樹木、創作油畫、手織圍巾、製作剪貼簿，又很會照顧人、愛護動物，還在學校教課，更會自行拼裝家具、縫製窗簾、培養花卉、漆上壁畫、譜曲，連照顧小嬰兒也難不倒她們。

M 還有我的父母也是

位於柯姆史考特的廚房

他們以身作則教導八個子女，只要自己動手做，就能擁有任何想要的東西。

　　我想要過著有玫瑰爬滿柵欄的生活嗎？那麼就做出柵欄，再種些玫瑰，這就是他們教我的哲學。我的父親可以做出或修好任何東西，母親則每天從無到有創造新的事物♡。

The ordinary arts

我們每日所做的一般居家事務，對於自身靈魂的重要性，絕不如表面上看來那麼簡單。♥ *Thomas Moore*

湯瑪斯·摩爾[3]

心靈與雙手之間一定互有連結，而手工作品就是最佳證明——這也是為何手作品這麼特殊。

瑞秋每週都會把自己做的餅乾和蛋糕帶去市場，就像她的祖父輩一樣。

　　她把自家花園的鮮花擺在親筆信裡，然後一起寄到美國給我。

her 她的姊妹露西經營農場並且製作起司。

保羅則在養蜂，並且為太太瑞秋做了長形盆栽台。♥

244

Dearest Sue-
　　Here, as promised, is your Apple edi
ote in the Council News that 'Cranfor
Also enclosed are some other bits of
n sitting in our new, improved garden
p of Ean planted Our little dog A
ds. The lavender bushes that fa
ew green leaves and in front of n
berry tree is a frothy mass of white
all erupting. Broad bean shoots
nd it will be time to thin the bee

S 席芳的雞圈和菜園為家人提供新鮮的食物來源——她還在河中間辦了一場午茶派對！💙

J 約翰在有 800 年歷史的磨坊生產有機麵粉：他經營的飯店有提供用自家有機麵粉製成的手工麵包，而且他會在水槽裡沖泡接骨木花茶。

F 對大部分人而言，動手製作已經不是關乎生死的能力，但我們還是願意動手做。因為這是一種給予的方式，從心裡傳到雙手，再傳達給整個世界。最簡單的，就像一罐手工果醬，或小朋友的塗鴉。

N 奈兒和托帝·吉福德經營家族馬戲團，娛樂整個鄉村地區。

A 那些在 Emma Bridgewater 工廠的可愛藝術家，每天勤奮工作，使用和當地兩百年前製作陶器一樣的方法，製作出各種美麗的「杯壺」。

B 波特小姐手繪她的每一本「小書」，以刺繡裝飾被褥，並讓古老的農莊持續營運。

D 由於珍·奧斯汀是女性，如果當初她的著作可以出版，也只能用匿名的方式——然而即使如此，她還是用羽毛筆沙沙作響的寫下數千頁的作品。😊

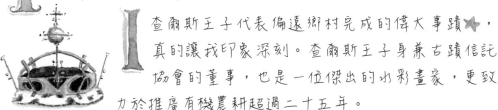

M 現代石匠需要維護像約克大教堂這樣的千年教堂，他們的技術和 13 世紀的先人同樣精湛。

The National Trust 英國古蹟信託協會有數百名專業工匠，負責修復、重建和保護歷史，如此我們才能參觀這些令人引以為傲的古蹟，並從中獲得啟發。英國古蹟信託協會的信念是：

"FOR EVER, FOR EVERYONE"
追求永續，讓所有人都能分享。
Love Love Love ♥

約克大教堂的雕像受到悉心照料

T 查爾斯頓獨特的風格與魅力，以及凡妮莎·貝爾和鄧肯·格蘭特（Duncan Grant）充滿手繪的生活。

I 查爾斯王子代表偏遠鄉村完成的偉大事蹟★，真的讓我印象深刻。查爾斯王子身兼古蹟信託協會的董事，也是一位傑出的水彩畫家，更致力於推廣有機農耕超過二十五年。

（我的其中一項寶貝——我徹底變成親英派之後更加珍惜它——附在這本書的末頁，是我 11 歲時寫信給查爾斯王子的母親，從白金漢宮收到的回信，世界真小☺。）

A 也別忘了梅西·坎貝爾，她教導一個小女孩認識另一種文化，而且用了簡單又迷人方式：午茶派對。

B 不論事情大小，每個人各司其職，順從天命度過每一天。♥

而現在
D 黛安娜的七歲孫女亞莉克西絲打算寫一本書，但和珍·奧斯汀不同，亞莉克西絲可以用自己的名字出書。♥

TEACHING & INSPIRING 教導與啟發

因為上一代留下了很清楚的訊息：我們所做的一切是有意義的。

日常生活中的小事才是最有意義的部分，也才能改變整個世界。是什麼延續了千年之久？人類與大自然的美超越時空而留存下來：野花遍布的鄉村，一道道石牆與各種藝術；沒有人為建造大教堂、培養樹籬的工匠舉辦熱烈的遊行，他們從未登上新聞，史書上也鮮少記載他們的事跡，但他們的作品正是最重要、最美好的歷史。

也許盡到自己的責任、專注於細節、專注於家庭並一心想著：「我能給予什麼？」就是擁有快樂生活的祕訣。

的確是這樣，她心想，偉大的事物令人驚嘆，但微小的事物卻令人感動。

貝絲·史崔特·奧德里奇 Bess Streeter Aldrich

喬幫忙打造這個小小的柵欄花園
——絕對是我過著快樂生活的祕訣之一。

247

We are the music makers,
and we are the dreamers
of dreams,
Wandering by lone
sea breakers,
And sitting by desolate
streams;
World-losers and
world-forsakers
On whom the pale moon
gleams:
Yet we are the movers
and shakers
Of the world for ever,
it seems. ♥ "Ode" 1874 ★
Arthur O'Shaughnessy

我們是音樂家，我們是夢想家，
從孤獨的破浪者身邊漂流而過，
坐在無人的溪邊；
蒼白的月光落在失去世界的人以及為世界犧牲的人身上閃爍：
但我們仍似乎永遠是世界的推動者、塑造者。〈謳歌〉1874 年
——亞瑟‧歐蕭尼斯 [5]

MAKING "music" in the Heart of the Home

在家的中心做「音樂」

HOMEMADE HAPPY LIFE

我所學到也從未忘記的快樂居家生活

Never

千萬不要放棄追求平靜和探索新事物，
保留一點空間做這些事。

Walk a country road

盡可能經常漫步在鄉間

把毛巾晾在室外，讓毛巾

舒適中帶點粗糙

Take hot bubble baths

享受熱呼呼的泡泡浴並打開窗戶，

搭配一大杯冷水和一本好書

Listen to the Birds Sing

聆聽鳥兒歌唱

V 造訪偉大人物的住所和工作空間

可以獲得靈感與教導

Shop at LOCAL FARMS

盡可能在當地農莊和農夫攤位採購：
雞蛋、肉類、牛奶、蔬菜和水果

S 給最愛的人一個驚喜，為他們烤一個派，並配上手工派皮

Homemade Crust

Grow
種下各式各樣的植物，在餐桌擺上有機又富含維他命的沙拉。ORGANIC

用廚餘製作富含營養的
COMPOST
堆肥，滋養自己的花園。
GARDEN.

Shop ANTIQUE STORES
去古董店購買生活用品：可愛的花瓶、古老的籃子、刺繡餐巾、攪拌缽、木湯匙、花紋茶壺、舊食譜盒和拼被。

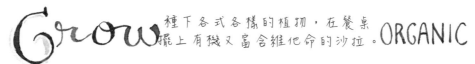

Twinkle lights
閃爍的小燈很好看，無論在何時或何處掛上。

躺 在 星 空 下 。

P 種一棵 Apple Tree; 蘋果樹；
春天蘋果花飄落時，躺在樹下；秋天時製作蘋果酥
Apple Crisp

JAMs & JELLIES
用當地生產的有機水果和莓類製作果醬和果凍，再配上好茶。
tea.
Take a KNITTING CLASS~
報名毛線課程——毛線專賣店有免費課程，
這樣你就能自己織圍巾了。♥

P 摘 一 小 束 鮮 花
擺 在 廚 房 櫃 子 上 。

Meditate: S 和自己說些好話，
冥想　　　　　　並想想每天發生了哪些好事。❤

Take a DEEP BREATH
晚上睡覺前深吸一口新鮮空氣：
記錄觀察到的星星，然後為世界許個願。

Make a nice healthy dinner
為朋友煮一頓豐富又營養的晚餐。

✦

B i r t h d a y
★　✦　★生日想要的禮物

❥很棒的護手霜、泡泡入浴劑和肥皂
❥玫瑰叢
❥蠟燭
❥一磅好喝的散茶
❥書（第181頁）、音樂（第180頁）、電影（第201頁）
❥ Emma Bridgewater 的杯子
❥小豬撲滿，開始存錢好完成
夢想之旅

H 在 河 中 間 舉 辦 午 茶 派 對 。❤

最 後 一 項 也 非 常 重 要

S 吃午餐時要帶著雜誌──
你永遠猜不到自己會遇見誰。❤

Hours fly
flowers die
new days
new ways
Pass by
Love stays

Carved in stone
on a dovecote in the
Cotswolds 💜

時光會飛逝
鮮花會凋零
新的時代、
新的作風
會過時
愛則會留下

刻於科茨沃爾德
的一處鴿舍

剛才郵輪號角響起，迴盪在葡萄園
Haven 社區一帶，聽起來像鵝的叫
聲；我們打開廚房門窗，來自港口的
微風吹得紫籐沙沙作響，輕掃過木頭地板，

讓我的光腳丫一陣顫抖。這就是瑪莎葡萄園的夏天——夢幻小島。

外頭有隻北美紅雀停在柵欄上；兩隻蝴蝶在毛地黃間追逐。我聽見
喬在花園裡工作的聲響，他正在重蓋玫瑰棚架，不時傳來的重鎚聲
有令人安心的節奏——與社區內其他情境完美融合：小孩在街上玩耍，除
草機和烤盤上漢堡的香味。

我把席芳的蛋糕放進烤箱，再把冰涼的啤梨氣泡酒倒進我們全新的
Emma 馬克杯（沒錯，杯子送到家了！）然後端出去，我讓身後的紗門自動
彈回，小心繞過女娃凱蒂，牠開心得不得了，在溫暖的沙地上扭來扭去，
蜷起身子擺動像隻超級巨大的鼠婦。

對街教堂的鐘聲響起……

喬正在把玫瑰纏上棚架，
我把杯子端給他——我們互相
乾杯，喬喝了一大口之後，用我最熟
悉的閃亮眼神看著我，輕聲說：「我
的腳趾頭傷了貝蒂。」♥

從此以後他們過著幸福快樂的日子

我的網站www.susanbranch.com有一份附錄等著你來探索──所有資訊的連結都在這裡，包括你規劃旅程所需要的種種資訊，還有有趣的影片及書中出現的人物與景點的詳細資料。進入我的網站後，點選 "I Love England"（我愛英國），再點選 "Appendix"（附錄）。

譯 註

頁 1-12

1. 卡爾・桑德堡（Carl Sandburg，1878-1967），美國詩人、作家。
2. 伊莉莎白・馮亞寧（Elizabeth Von Arnim，1866-1941），英國小說家。
3. 羅伯特・路易斯・史蒂文森（Robert. Louis Stevenson，1850-1894），蘇格蘭小說家、詩人與旅遊作家，也是英國文學新浪漫主義的代表作家之一，代表作品為《金銀島》。
4. 吉莉・古柏（Jilly Cooper，1937-），英國作家。
5. 切斯特頓（G.K. Chesterton，1874-1936），英國作家。
6. 路易斯（C.S. Lewis，1898-1963），英國奇幻文學作家。
7. 艾拉・費茲潔拉（Ella Fitzgerald，1917-1996），美國爵士樂歌手。
8. 賽爾坦・費茲傑羅（Zelda Fitzgerald，1900-1948），美國小說家、舞者。
9. 托馬斯・貝多斯（Thomas Beddoes，1760-1808），英國醫師、科普作家。
10. 賀伯特・希普曼（Herbert Shipman，1869-1930），美國主教。

愛的羅曼史（頁 13-40）

1. Madoka Mayuzumi（1962-），筆名黛まどか，本名黛円，日本俳人。
2. 弗雷・亞斯坦（Fred Astaire）和琴吉・羅傑絲（Ginger Rogers），1930年代美國歌舞片的知名演員，兩人搭檔合作數部叫好賣座的電影。
3. 菲比・史諾（Phoebe Snow，1950-2011），美國女歌手。
4. 布魯斯・史普林斯汀（Bruce Springsteen，1949-），美國搖滾歌手。

旅途愉快（頁 41-42）

1. 柯蕾特，（Sidonie-Gabrielle Colette，1873-1954），法國小說作家。

登上瑪麗皇后2號（頁 43-83）

1. 歌詞源自「假面淑女」（The Lady is a Tramp），是多位歌手翻唱的爵士金曲。

2. 巴利（J.M. Barrie，1860-1937）：蘇格蘭小說家及劇作家，《小飛俠彼得潘》（Peter Pan）是他最家喻戶曉的作品之一。

3. 《情迷四月天》（Enchanted April），作者為伊莉莎白‧馮亞寧。

4. 我對香檳沒興趣⋯⋯，原文為 "I get no kick from Champagne..."。歌詞源自於「我對你情有獨鍾」（I Get a Kick out of You）。

5. 「不過是紙做的月亮」（It's Only a Paper Moon），演唱者為享譽國際的情歌金嗓納京高（Nat King Cole，1919-1965）。

6. 《大不列顛簡史》（Britannia in Brief，2009出版），作者為蕾絲莉‧班克（Leslie Banker）和威廉‧穆林斯（Williams Mullins）。

7. 《瓊樓飛燕》（The Unsinkable Molly Brown）為一齣歌舞劇。鐵達尼號沉船時，一位名叫瑪格莉特‧布朗的女子協助搜救，她的英勇事蹟獲得「不會沉的莫莉‧布朗」之美名。該歌舞劇以此為靈感，登上百老匯舞台，並翻拍成電影。

8. 威廉‧布拉德福（William Bradford，1590-1657），英國分離主義領袖之一，簽訂五月花號公約，先從避居的荷蘭搭乘五月花號，輾轉英國，最後抵達北美墾殖的第一批英國清教徒。

9. 詹姆士‧羅素‧洛威爾（James Russell Lowell，1819-1891），美國作家、評論家及外交官。

10. 伊莎貝‧阿言德（Isabel Allende，1942-），享譽國際的拉丁美洲女作家及女權運動者。

11. 安妮‧范德維爾（Annie Van De Wiele），法國現代作家，也是第一位搭乘帆船環繞世界的女性。

12. 葛麗絲‧霍普（Grace Hopper，1906-1992），美國海軍准將及電腦科學家；為程式設計師的先驅之一。

13. 邁格士（Magner's），於1935年創立的愛爾蘭水果酒品牌。

14. 東尼獎（Tony Award），美國劇場的最高榮譽。

15. 《伊莉莎白和她的德國花園》（Elizabeth and Her German Garden），1898年出版。

16. 因弗尼斯（Inverness），蘇格蘭高地境內唯一有城市地位的聚落，為著名的尼斯湖水怪家鄉。

17. 湯姆林森（H.M.Tomlinson，1873-1958），英國作家與記者，將自己對海洋與旅行的熱愛與寫作的興趣結合。

18. 畢翠克絲，全名畢翠克絲‧波特（Beatrix Potter，1866-1943），英國童書作家與插畫家，彼得兔是她創作中最知名的角色。

19. 諾曼‧沃恩（Norman Warne，1868-1905），為波特的出版商，兩人墜入愛河，後來訂婚，但沃恩英年早逝，終未與波特結合。

20. 「當你教我跳舞的時候」，電影《波特小姐：彼得兔的誕生》的主題

曲，原文是 "When You Taught Me How to Dance"，演唱者凱蒂·瑪露（Katie Melua，1984-）。

21. 朵恩·鮑威爾（Dawn Powell，1896-1965），美國小說家。

22. 「去蒂伯雷利的漫漫長路」，第一次世界大戰傳唱千里的軍歌，原文是 "It's a Long Way to Tipperary"。

23. 克魯索探長（Inspector Clouseau），電影《粉紅豹》（The Pink Panther）裡的角色。

24. 匹克威克先生為英國大文豪狄更斯代表作之一《匹克威克外傳》（The Pickwick Papers）中的主人翁。

肯特郡：坦特登（頁84-135）

1. 茱莉亞·柴爾德（Julia Child，1912-2004），美國知名廚師、作家，及電視節目主持人。她的故事曾被翻拍成電影《美味關係》（Julie & Julia）。

2. 韋特羅斯（Waitrose），英國第六大連鎖超市，得到伊莉莎白女王及查爾斯王儲的認證，故被稱為皇室超市；由於售價高，也有人將它戲稱為貴婦超市。

3. 薇拉·琳恩（Vera Lynn1917-），二戰期間英國當紅的女歌手和演員。

4. 後會有期，不知何地，不知何時：出自薇拉·琳恩的成名曲之一「後會有期」（We'll Meet Again），深得人心，在戰後亦被當作與愛人別離的情歌。

5. 《婚姻的肖像》（Portrait of a Marriage），作者為奈格爾·尼克森（Nigel Nicholson，1917-2004）。

6. 薇塔·塞克維爾-韋斯特（Vita Sackville-West，1892-1962），英國女作家、詩人及園藝家，因貴族生活、與小說家維吉尼亞·吳爾芙（Virginia Woolf，1882-1941）的情事，以及和丈夫哈洛德·尼克森修建的西辛赫斯特城堡而聞名。

7. e.e. 康明斯（e.e. cummings，1894-1962），美國知名的詩人與作家。

8. 《自己的房間》（A Room of One's Own），作者是維吉尼亞·吳爾芙，精闢闡述女性書寫的空間與意義，書中的名言是女性要有自己的收入和獨立的房間。

9. 魯亞德·吉卜齡（Rudyard Kipling，1865-1936），英國作家與詩人，於1907年獲得諾貝爾文學獎，是英國首位諾貝爾文學獎得主，也是至今諾貝爾文學獎最年輕的得主。

10. 「帶我飛向月球」（Fly Me to the Moon），原是一首華爾滋舞曲，後來成為被翻唱多次的爵士標準曲。

11. 法蘭克·洛伊·萊特（Frank Lloyd Wright，1867-1959），美國建築師和室內設計師，認為建築設計應達到人類與環境的和諧，此為他稱作「有機建築」的哲學。

12. 古斯塔夫·史蒂克雷（Gustav Stickley，1858-1942），美國家具製造商，擁護美式工藝家風格，此為英國工藝與美術運動的延伸。

13. 布魯姆茨伯里派（The Bloomsbury Group），為1904年至二戰期間以英國倫敦布魯姆茨伯里為活動中心的文人團體。
14. 福斯特（E.M. Forster，1879-1970），英國小說家、散文家，曾獲英國最古老的文學獎。
15. 華特‧史考特爵士（Sir Walter Scott，1771-1832），蘇格蘭歷史小說家及詩人。
16. 艾瑪‧布里奇沃特（Emma Bridgewater），英國的製陶商，成立於1985年。
17. 「我們住的這條街」，改編自電影《窈窕淑女》（My Fair Lady）的其中一首曲目 "On the Street Where You Live"（妳住的那條街）。頁面邊框的文字也是由歌詞改編。
18. 山繆‧衛斯理（Samuel Wesley，1766-1837），英國喬治王朝時代的風琴演奏家和作曲家。
19. 安妮‧博林（Anne Boleyn，1501-1536），原為亨利八世第一任王后的女侍官，後來與亨利八世產生曖昧情愫，雖被扶正，最後卻被捕入獄，以私通罪名遭到斬首。
20. 威廉‧華道夫‧阿斯特（William Waldorf Astor，1848-1919），美國律師、政治家、商人，於1891年舉家搬到英國。
21. 卡美洛城堡（Camelot），亞瑟王的城堡。
22. 埃倫‧泰瑞（Ellen Terry，1847-1928），英國著名莎劇演員。
23. 摘自萊納‧馬利亞‧里爾克（Rainer Maria Rilke，1875-1926）的詩作〈秋日〉，此為詩人馮至的翻譯版本。
24. 《瑪麗‧包萍》（Mary Poppins），澳洲兒童文學作家P.L.卓華斯（P.L. Travers，1899-1996）的著名系列小說。主角瑪麗‧包萍是仙女保母，來到人間幫助小朋友與父母克服困境。曾被改編為迪士尼電影《歡樂滿人間》。
25. 王爾德（Oscar Wilde，1854-1900），愛爾蘭詩人、劇作家。

從艾爾斯伯里到倫敦（頁136~137）

1. 英國國旗在中文俗稱米字旗，英文則俗稱「聯合傑克」（The Union Jack），但嚴格來說只有在船上使用時，英國國旗才能被稱為 "Jack"，也就是艦首旗。
2. 貝蒂‧蜜勒（Bette Midler，1945-），美國著名歌手、演員以及諧星。
3. 回來吧，喬喬，披頭四最後一次公開演唱是在蘋果總部樓頂舉行，其中一首演唱曲目為 "Get Back"，「回來吧，喬喬！」（Get back, Jo-Jo）是副歌歌詞。

峰區：威克斯沃斯（頁138~144）

1. 出自電影《真善美》插曲「我最喜歡的東西」（My Favorite Things）。
2. 國定假日（Bank Holiday），19世紀時英國為了讓銀行業有額外放假日而規定所謂的「銀行假日」，之後隨制度演變為英國國定假日。

湖區：安布賽德（頁145-179）

1. 約翰・謝德（John Shedd，1850-1926），美國作家，最廣為人知的名言為「船在港口十分安全，但船並非為此而建造」。
2. 帕德萊克・柯倫（Padraic Colum，1881-1972），出生於愛爾蘭的美國詩人及劇作家，著有《奧丁的兒女：北歐神話集》等史詩改編作品。
3. 威廉・莫里斯（William Morris，1834-1896），英國藝術與工藝美術運動的領導人之一，同時也是世界知名的家具、壁紙與布料花樣設計師兼畫家，本書頁202有詳細介紹。
4. 母鴨潔瑪（Jemima Puddleduck），波特小姐筆下的角色。
5. 琳恩・荷蘭（Lynn Holland），美國現代作家。
6. 出自貝蒂・蜜勒的歌曲「愛的榮耀」（The Glory of Love）。
7. 出自英國詩人兼小說家狄娜・慕洛克・柯瑞可（Dinah Mulock Craik，1826-1887）的詩作 "Green Things Growing"。
8. 大衛・奧斯汀（David Austinish）玫瑰，由大衛・奧斯汀培育出的古典玫瑰品種，花色飽滿，香氣濃郁。
9. 盧卡斯（E. V. Lucas，1868-1938），20世紀英國著名作家、評論家。
10. 出自英語童謠 "Rain Rain Go Away"。
11. 貝蒂・麥唐諾（Betty MacDonald，1908-58），美國作家，以幽默風趣的自傳故事聞名，此段文字出自其最著名的自傳作品The Egg and I。
12. 約翰・繆爾（John Muin，1838-1914），美國早期環保運動領袖，其隨筆與專書皆以大自然探險為主題。
13. 「滑溜潮濕」（slippy sloppy），出自波特小姐《青蛙吉先生的故事》。
14. 蘇斯博士（Dr. Seuss，原名Theodor Seuss Geisel，1904-1991），美國著名圖文童書作者。

科茨沃爾德：拜伯里（頁193-207）

1. 令人敞開心胸、一口接一口，出自英國劇作家兼詩人西柏（Colley Cibber，1671-1757）的劇作The Lady's Last Stake。
2. 麥奎格先生（Mr. McGregor's），波特小姐筆下的角色。
3. 米娜・湯馬斯・安特里姆（Minna Thomas Antrim，1856-1950），美國作家，最廣為人知的名言為：「經驗是良師，可惜學費貴。」

科茨沃爾德：泰特伯里（頁208-231）

1. 赫爾曼・梅爾維爾（Herman Melville，1819-1891），美國小說家、散文家與詩人，最著名的作品是《白鯨記》。

2. 菲爾茲（W.C. Fieldish），美國喜劇演員。
3. 後車廂派對，屬於美式足球文化的一環，比賽開始前在球場附近將後車廂打開，準備好食物飲料或當場烤肉同樂。
4. 亨利・瓦得・畢奇爾（Herry Ward Beecher，1818-1887），美國基督教公理會自由派牧師兼作家。
5. 希賴爾・貝洛克（Hilaire Belloc，1870-1953），英國法語作家與歷史學家，是 20 世紀早期最多產的作家之一，第一次世界大戰期間，因撰寫戰爭分析文章名聲達到頂峰。
6. 記帳，此舉指的是顧客將信用卡交給酒保，酒保則將每筆消費算在顧客帳上，最後再統一結算，毋須每筆分開結帳，有些店家會要求提供身分證而非信用卡，作為預防措施。
7. 康斯坦絲・史普瑞（Constance Spay），英國花藝設計師。
8. 這是個諧音笑話，「他有點沙啞」的英文 "he's a little hoarse" 和 "he's a little horse"（他是匹小馬）發音類似。
9. 瑪喬麗・金楠・勞林斯（Marjorie Kinnan Rawlings，1896-1953），美國短篇故事與小說家，作品主題大多以鄉村為背景。
10. 亨利・沃茲沃思・朗費羅（Henry Wadsworth Longfellow，1807-1882），美國詩人、翻譯家。
11. 寬領帶和雅士谷賽馬會的英文都是 "Ascot"。

漢普郡：裔頓（頁 232-240）

1. 我的邦妮飄盪在海上，出自蘇格蘭民謠 "My Bonnie Lies over the Ocean"。
2. 我們會再相見，不知何處，不知何時：出自英國老歌 "We'll Meet Again"。此段引文出自其詩作 "The Night Will Never Stay"。
3. 艾莉娜・法瓊（Eleanor Farjeon，1881-1965），英國作家，作品包含兒童文學和戲劇，詩歌，傳記，歷史和諷刺小說。此段引文出自其詩作 "The Night Will Never Stay"。

回瑪莎葡萄園（頁 241-254）

1. 安東尼・德・聖艾修伯里（Antoine de Saint-Exupéry，1900-1944），法國作家，著名作品為《小王子》。
2. 安娜・昆德蘭（Anna Quindlen，1953-），美國專欄作家與記者，曾獲普立茲評論獎。
3. 湯瑪斯・摩爾（Thomas Moore，1779-1852），愛爾蘭詩人與作曲家，最著名的歌詞作品為「夏日最後的玫瑰」（The Last Rose of

Summer)。

4. 貝絲・史崔特・奧德里奇（Bess Streeter Aldrich，1881-1954），美國小說作家。

5. 亞瑟・歐蕭尼斯（Arthur O'Shaughnessy，1844-1881），英國詩人與爬蟲類學家，此詩作曾多次被改編為歌曲。

譯者

　　謝雅文，譯作有《搜影者 I：遺落的王族》、《當宅男遇見汀・奧斯汀》、《愛上英國鄉村》。賜教信箱：kdhsieh3@gmail.com

　　廖亭雲，目前就讀國立台灣大學翻譯碩士學位學程，希望成為專業自由譯者。譯作有《愛上英國鄉村》。

愛的羅曼史

"D 彼得問：「你知道為什麼燕子要在屋簷下築巢嗎？

是為了聆聽故事。」

♥ 巴利 (J.M. Barrie)

notes

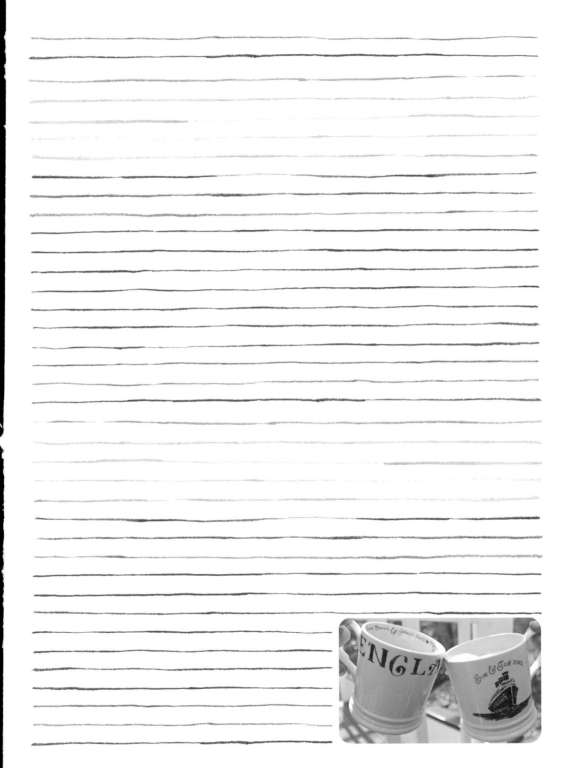

優遊 · Life & Leisure
愛上英國鄉村

2015年9月初版　　　　　　　　　　　　　　　　　　定價：新臺幣390元
有著作權·翻印必究
Printed in Taiwan.

著　　　者　Susan Branch
譯　　　者　謝　雅　文
　　　　　　廖　亭　雲
發 行 人　林　載　爵

出　版　者　聯 經 出 版 事 業 股 份 有 限 公 司
地　　　址　台北市基隆路一段180號4樓
編 輯 部 地 址　台北市基隆路一段180號4樓
叢 書 主 編 電 話　(0 2) 8 7 8 7 6 2 4 2 轉 2 2 1
台 北 聯 經 書 房 ：台 北 市 新 生 南 路 三 段 9 4 號
電　　　話：(0 2) 2 3 6 2 0 3 0 8
台 中 分 公 司：台 中 市 北 區 崇 德 路 一 段 1 9 8 號
暨 門 市 電 話：(0 4) 2 2 3 1 2 0 2 3
台 中 電 子 信 箱　e-mail：linking2@ms42.hinet.net
郵 政 劃 撥 帳 戶 第 0 1 0 0 5 5 9 - 3 號
郵 撥 電 話：(0 2) 2 3 6 2 0 3 0 8
印　刷　者　文 聯 彩 色 製 版 印 刷 有 限 公 司
總　經　銷　聯 合 發 行 股 份 有 限 公 司
發　行　所　台北縣新店市寶橋路235巷6弄6號2樓
電　　　話：(0 2) 2 9 1 7 8 0 2 2

叢 書 主 編　林　芳　瑜
特 約 編 輯　倪　汝　枋
內 文 排 版　林　淑　慧
封 面 完 稿　蔡　婕　岑

行政院新聞局出版事業登記證局版臺業字第0130號

本書如有缺頁，破損，倒裝請寄回聯經忠孝門市更換。　　ISBN　978-957-08-4609-6 (平裝)
聯經網址：www.linkingbooks.com.tw
電子信箱：linking@udngroup.com

A Fine Romance by Susan Branch
www.SusanBranch.com
Original English language text, photographs and illustrations ©2013 Susan Branch.
Rights Arranged by Peony Literary Agency Limited

國家圖書館出版品預行編目資料

愛上英國鄉村/ Susan Branch著．謝雅文、廖亭雲譯．初版．
初版．臺北市．聯經．2015年9月（民104年）．272面．
16.5×21.5公分（優遊·Life & Leisure）
譯自：A fine romance: falling in love with the English countryside
ISBN　978-957-08-4609-6（平裝）

1.旅遊　2.英國

741.89　　　　　　　　　　　　　　　　　　　104016745